ふるさと

京都府北部地域で生きる

NEXT

京都新聞社編

目次

第4章　**戦後71年**

序章

「た」と「ね」を大事にする時代

塩見直紀

「た」と「ね」を大事にする時代

塩見直紀
半農半X研究所代表
福知山公立大学特任准教授
総務省地域力創造アドバイザー

平成の始まりの年（1989年）、地方での大学生活を終えた筆者は、企業勤務の社会人生活を大阪でスタートさせた。その後、京都市内で暮らし、33歳を機に1999年、故郷の京都府綾部市に戻った。

「半農半X（エックス＝天職）」というコンセプトを提唱してから20年余りがたつ。Uターン後、まちづくりや移住促進、都市農村交流などに関わってきたが、この間、半農半Xというコンセプト以外に、「た・ね」という視点をもって、地域や時代を見つめてきた。

「た・ね」とは何か。

漢字が伝わる以前のことばである「やまとことば」では、植物の「種（たね）」の「た」は、「高く」「たくさん」など、広がりを表す。「ね」は「根っこ、根源」を意味する。帰郷直前ころ、その道の研究者から音義を教わった。

種を大地にまくと、土深く根を張りつつ空に向かって芽を出し、花をつけ、種子を残していく。都市に生きる現代人はずいぶん前から「根なし草」と言われてきたが、いまようやく、「いのちの根っこ」を大事にする生き方が求められる時代になりつつあることを実感している人は多いだろう。

大地や地域、家族といった「根っこ」を大事にしつつ、無限の創造性・想像性を生かし、イノベーションしていく。才能を自分だけのものとして独占せず、いいものをシェアし、分かち合い、伝えていく。「種（たね）」はそんなことを教えてくれる。

いま、世界の多くの人は、生きる意味や、生き方を模索している。

未来を点検するとき、「た・ね」のように生きているかとセルフチェックできるのではないか。これは個人だけでなく、家族、地域、企業やNPOなどの組織、集落、さらには市町村、都道府県、国家の在り方にさえも示唆を与えると考えている。

「た」は人材や地域資源を生かし、地域外や世界を魅了する力だ。「ね」は地域での持続可能な暮らしを表す。

こうした観点から見ると、京都北部に暮らす人々も「た・ね」を大事にして暮らしている姿が浮かんでくる。

「た・ね」を別のことばで表現すると、「二つのS」で言い換えられる。一つは「暮らしやまちのサステナビリティ（持続可能性、安心、安全など）」のS、もう一つは「ソフトパワー（魅力の創出、熱源、引き寄せる力、ファンづくり）」のSだ。新たな地域づくりには、この「二つのS」を深めたり高めたりしていく以外に道はないだろう。

綾部市にUターンしてずいぶんたつが、最近特に感じるのが、ソフトパワーの力が目に見えて落ちているのではないかということだ。別の言葉でいえば、「新しいものを生み出せる力」の低下だ。これは綾部市や京都北部だけでなく、人口減少が進む全国の地方においてはきっとどこも同じだろう。

いま、各地で若い世代の移住者の争奪戦が行われている。移住に期待されるのは、人口や税収に加え、集落や学校の維持などだと思われるが、「新しいものを生み出せる力」という視点も、今後さらに重要になると考える。「地方創生」が叫ばれている。いま、なすべきことは「先人知×若い感性」で「新しい組み合わせ」をつくり、発信していくことである。

筆者は「綾部ローカルビジネスデザイン研究所」（公益財団法人トヨタ財団の助成）というプロジェクトをこの3年ほど行っている。そこで、地域資源について大事なことが三つあることに気付いた。一つ目は、地域資源（宝もの）が「なくならないように努める」こと、二つ目は、地域の宝が「ゆっくりとさらにいいものになるよう育まれる」こと、そして三つ目は、「宝物がまちや村で新たに生まれる」ことである。

知恵をもった長老がいなくなり、知恵なき時代になりつつある。できるだけ、知恵を継承し、地域資源を生かし、新たな発想で魅力を創り出していかねばならない。

特に「地域資源が増えるまち（むら）」を目指すことが大事になるのではと思う。京都北部には素材がすでにある。ないのはソフトパワーを生み出す力だろう。

よく「人はいる」と言われる。「人が産物だ」と。しかし、ソフトパワーを生み出すにはUIJターン人材が必要だし、創造性を高める早期の教育も重要だ。京都独自の創造性教育の開発も重要だと考える。筆者は福知山公立大学（京都府福知山市、2016年開学）の特任教員としていくつか授業を担当しているが、目指しているのは新しいコンセプトをつくれる人材だ。

「1集落1デザイナー」というコンセプトも提唱している。地域に眠る素材を感性豊かに発見し、磨く。そして、魅力あるもの、カタチあるものに変え、全国発信できる若いデザイナーを小学校単位くらいで1名ずつ入れていくという戦略だ。地域おこし協力隊のデザイナー版と言えるかもしれない。幸い、京都には芸術系大学が多く、人材もいる。

京都府が地域振興策として「海の京都」「森の京都」「お茶の京都」を進めているが、これに続くものとして、「デザインの京都」という考え方もあり得るのではないか。新しい魅力を創造し続けるための施策も至急検討すべきだ。

情報があふれ、だんだん本質から離れたり、遠くなってしまう社会を私は「散逸社会」と呼んでいる。それに対して、目指したいと思っているのは「収斂《しゅうれん》社会」だ。

テーマや哲学をもって大事なことを蓄積し、何かのカタチにまとめ、新しい価値を、新しいビジョンを、新しい世界観を世に問い、提案していくことを目指す成熟社会の在り方をいう。

本書は、2年かけて京都北部7市町のいまを、「生きもの」「若者」「移住」「戦後」「地域資源」「人口減少社会」「水源の里」という7つの切り口で見つめ、新聞連載のカタチに収斂させた。取材・執筆にあたった京都新聞社北部総局管内の記者10人は大半が20代だという。若い感性で京都北部の課題と向き合い、希望を探し、対象者に寄り添って書かれているのがこの本の大きな特徴の一つだ。本書の内容が地域にインスピレーションをもたらし、京都府域を超え、各地によい影響を与えてくれることを願っている。

第1章

生きものとかかわる

由良川のサケは「神の使い」（舞鶴市／福知山市）

海と森をつなぐ命

京都府北部の「冬の魚」といえば、ブリのイメージが強い。由良川にはサケが遡上《そじょう》するが、正月にサケが食卓に上ることは少ないのではないだろうか。人々は由良川のサケと、どのように関わってきたのだろう。

アイヌはサケを「神の魚」と呼んで敬ってきた。東北にはサケの民話が数多く残る。由良川ではどうだろう。

河口から10キロの舞鶴市大川の大川神社を訪ねた。約１５００年前の神社の縁起が記された巻物に「鮭魚」の文字があった。高田和史宮司（40）は「川の中から金色のサケに乗った神様が現れたと伝えられています」といい、地元ではかつて、「神の使い」としてサケを食べない風習もあったという。

上流域の福知山市三和町の大原神社にもサケをまつる小社と伝承がある。由良川にも「神の使い」が訪れていた。

京都府北部の人々は、サケとさまざまな形で関わり合ってきた。平安時代の法令集「延喜式」（９０５年）には丹波、丹後の国からサケを税として納めた、とある。江戸時代には福知山市大江町にサケ漁のための簗《やな》があり、住民が田辺藩にサケを上納した。明治時代には府が河口に人工ふ化場を設け、稚魚放流が行われた。

桐村美智男さん（84）＝同市上天津＝は「子どもの頃、ヤスでサケを突いて捕り、煮物にして食べた。高度経済成長期になって排水で川が濁り、サケが見えなくなった」と振り返る。

１９７９年、由良川にはもういないと

右／大川神社の縁起を見せる高田宮司。中央に「鮭魚」の文字が見える（舞鶴市大川）
左／仕切り網にかかったサケを見せる塩見さん（福知山市牧・牧川）

思われていたサケが14匹捕獲された。府は放流と人工ふ化を再開したが、1％以下と回帰率が低く、2007年度で事業は打ち切られた。

川幅いっぱいに設置された仕切り網に、約60センチの雄のサケがかかっていた。15年11月下旬、卵を採取するための捕獲が流域で唯一続く福知山市の由良川支流・牧川。塩見一男さん（78）＝同市中＝は「子どもたちが育てるには、由良川産の卵に意味がある」と語る。

府の事業打ち切り後も「サケが戻らなくなる」との危機感から流域の住民団体が放流を続けた。学校や個人などの希望者にサケの発眼卵を配り育ててもらっている。稚魚は成長して海をはるかアラスカまで北上、3～4年後に由良川へ戻る。15年は11月で22匹が帰ってきた。

一生に一度の産卵を終えたサケは、クマや鳥などの動物に食べられ、森の肥やしになる。「まさに海と森をつなぐ使者だ」と京都大舞鶴水産実験所の益田玲爾准教授。

「自然産卵の場所」と塩見さんが案内してくれた川底の石は、磨かれたように光っていた。雌が穴を掘り、卵を産み落とし、雄が精子をかけて雌が埋め直す。石の泥や水あかがとれるのだ。サケは餌を食べずに川を上り、銀色の体に赤や黄色のしま模様が現れる。雄は雌を守る威嚇のために鼻が曲がる。

「サケは涙ぐましい努力をして帰ってくる頑張り屋」と塩見さん。崇敬の心は今も息づく。

（秋田久氏）

コウノトリと共生する里　（京丹後市）

地域に「コウフク」運ぶ

白と黒の翼を広げ、泳ぐように大空を舞う。国の特別天然記念物コウノトリが京丹後市で飛来が確認され、5年がたった。コウノトリは幸せを運んでくれたのだろうか。

「どえらいもんが来た」。コウノトリネット京丹後の佐々木信一郎会長（73）＝久美浜町市場＝は振り返る。2011年1月、自宅近くにコウノトリが舞い降りた。雪の中にたたずみ、悠々と飛ぶ姿に、「見ていて幸せになりそうと思った」。

生態を知ろうとコウノトリの生まれ故郷の兵庫県豊岡市に通い、2世誕生を願い巣塔を建てた。12年に同町永留の巣塔でひなが誕生、観察記録に「豊岡以外でのヒナ誕生は日本で初めての快挙！」と感動をつづった。

野生のコウノトリは現在、東アジアやロシアに2500羽ほど。国内では農薬や水銀中毒などが原因で1971年に野生で絶滅。その後、県立コウノトリの郷公園（豊岡市）が人工繁殖に成功、

2005年から放鳥を始めた。15年は綾部市や舞鶴市など府北部をはじめ、東北から九州まで姿を見せた。これまで40府県257市町村で但馬由来のコウノトリの飛来を確認、餌の豊富な場所を求めて飛び回っているとみられる。

コウノトリは大食漢。カエルやザリガニ、ヘビ、魚など何でも食べるが、餌場となる水田は圃《ほ》

上／人工巣塔から飛び立つコウノトリの「コウちゃん」「フクちゃん」ペア（京丹後市久美浜町市場）
下／餌場として整備したビオトープの前で、コウノトリの姿を探す「コウノトリネット京丹後」のメンバーたち（同町永留）

場整備が進み、「魚が水田に上がれず、餌が激減している」（コウノトリの郷公園の江崎保男統括研究部長）という。

京丹後市にコウノトリが再飛来した年の10月、コウノトリネット京丹後が発足、コウノトリと共生する里づくりが始まった。餌場としてビオトープ1・5ヘクタールを整備、ドジョウ約8万匹を放し、冬でも水を入れている。事務局長の辻田壽男さん（65）＝同町永留＝は「コウノトリと共生できる里は、人にとっても食住で好ましい環境のはず」と力を込める。

井上健仁郎さん（69）＝同＝は高さ2メートルのネットを300メートルにわたり設置、イノシシやシカから餌場を守る。「コヂノスという小字もある。ここは生息に適した地だと思う」。

米作りも変わった。越江雅夫さん（65）＝同町女布＝や山下博成さん（65）＝同町郷＝らは、農薬や化学肥料に頼らず自然農法でブランド米「丹後のコウちゃん米」を育む。ブランド認証シール代金をドジョウ購入に充てる。除草剤を使えば雑草駆除も容易だが、コウノトリのために幾度も代かきをする。収量は約7割に減るが、「カエルの数が増えてきた」と手応えを感じている。

久美浜町ではいま、コウちゃん（雌）とフクちゃん（雄）のペアが舞う。2羽合わせると「コウフク」。コウノトリを語るとき住民の表情は柔和になり、こちらも笑顔になる。コウノトリから届けられたのは、じんわりと広がる幸せ。そして地域の未来への夢と希望のようだ。（大西保彦）

レッサーパンダのペア　（福知山市）

ベビー誕生　期待し見守る

ふわふわとした茶色い毛並みに、愛くるしい表情。福知山市動物園の人気者、レッサーパンダのキャラ（雄）と、しらたま（雌）。園の職員は２匹の仲が気になる様子。集客以上の期待があるようだ。

「もう、行儀が悪いでしょ」。餌のリンゴを持つ飼育員上山亜実さん（23）を、食いしん坊のキャラがよじ登った。上山さんは2匹の飼育を担当する。共に2歳。人間ならおよそ20歳のお年頃。

「たまに鼻を付け合って遊んでいる。キャラとしらたまに、赤ちゃんができてほしい」

イノシシの背に乗った小猿、みわとウリ坊に代わる次のスターにと、市が期待を寄せるのが２匹のペア。キャラは２０１４年、しらたまは15年に福井県鯖江市の西山動物園から借り受けた。上山さんに、専属飼育員として白羽の矢が立った。

上山さんは子どもの頃から動物が好きで、兵庫県丹波市の実家から福知山市動物園に何度も通った。大阪市の動物専門学校を卒業後、二本松俊邦園長（70）から声を掛けられ、長年の夢の飼育員に。

　キャラとしらたまは、天気が良ければ午後1時から3時ごろまで屋外展示場で過ごす。日本の動物園で一般的なレッサーパンダは中国の高原地帯が生息地で暑さに弱い。温度管理に気を配り、手が空けば、近くの竹林で餌のササを集める。初めは上山さんを警戒していたが「今では手渡しでも食べてくれる」とほほ笑む。

　野生のレッサーパンダは絶滅の危機にある。1995年に動植物の国際取引を規制する「ワシントン条約」でトップランクの付属書Ⅰ類に登録、国内にほとんど入らなくなった。レッサーパンダやア

右／レッサーパンダのキャラとしらたまに餌をやる上山さん（福知山市猪崎・市動物園）
左／レッサーパンダを見ようと飼育舎に集まる来園者（同市猪崎・市動物園）

フリカゾウなど希少動物約160種は、主に国内の動物園や水族館で貸し借りし、繁殖している。近親同士の交配を防ぐため、日本動物園水族館協会が選任する種別調整者が園を仲介する。

レッサーパンダの血統を管理する静岡市立日本平動物園の金澤裕司獣医師（45）は「ペアをつくれば、希少動物としては高い4割後半の確率で繁殖できる」。95年に全国の動物園に194匹いたが、14年末で263匹に増えた。ただ、繁殖した動物園は限られ、交配に至らないと3、4年で相手を替えることもある。

キャラとしらたまの所有権を持つ西山動物園は、過去30年間で約50例と日本屈指の繁殖実績をもつ。ペアは12月中旬から半年ほど日中は一緒に屋外展示場で遊ばせており、飼育員の金田俊晃さん（48）は「雌雄の様子に気を配りながら、広いスペースで自然に近い環境で育てていることが繁殖につながっているのでは」と推測する。レッサーパンダの寿命は約15年。「繁殖を考えると若いときの1年は貴重」という。

レッサーパンダの繁殖期は1月から3月。キャラとしらたまもベビー誕生に期待が高まるが、上山さんは温かい目で2匹を見つめる。「一緒に迎えた初めての年を、仲良く過ごしてくれることが一番うれしい」。吉報を心待ちにしながら、ペアを見守る。（北川裕猛）

伊根湾の寒ブリ　（伊根町）

港に豊かさと活気

一口含むと、刺し身から脂のうまみが広がり、思わず顔がほころぶ。府北部の冬の味覚である寒ブリ。特に伊根町沖は「日本三大ブリ漁場」の一つで、「伊根ブリ」は全国に名をはせる。定置網の天然物のほか、近年は品質が向上した養殖物が供給を支える。伊根で初めてブリを食し、養殖と聞いて「こんなにもうまいのか」と驚いた。シーズン真っ盛りの伊根の海に漁業者を訪ねた。

「うらにし」と呼ばれる北西風に雪が混じる初冬、寒ブリのシーズンが始まる。身を刺すような寒さの早朝の伊根湾。作業船が養殖いけすに着いた。いけす内の網をたぐり寄せると、穏やかだった水面がにわかに動き、水しぶきを上げながら現れるブリを進野祐貴さん（23）が素早くすくい上げた。

「暴れて体を傷つけないために、なるべく素早く仕留めます」

ブリの頭を専用の包丁で数回打ち付けて「活《い》け締め」にする。

漁獲が不安定な天然ブリ。「やれるだけのことはやる」と網の補修に余念がない（伊根町新井）

進野さんは京都市内の大学を中退し、ブリ養殖などを手掛ける町内の水産会社に就職、2015年7月に漁師になったばかり。「安定供給でき、しっかり育て成長を見られるのが楽しい」とブリ養殖の魅力を語りつつ、「大暴れされると一人ではまだ太刀打ちできない。もっと筋力と技術を付けたいですね」と自らの課題も見据える。

周遊魚のブリの天然物は年によって漁獲量が大きく変わる。府海洋センター（宮津市）によると、相場が最も高い12月の平均漁獲量（1990～2014年）は49・3トンで、10年には過去最高の321トンだったが、13年は3・9トン、14年は4・9トンと落ち込んだ。刺し身のほか、熱湯にさっとくぐらせる「ブリしゃぶ」も人気で、冬には多くの人が町を訪れる。安定供給に養殖は欠かせない。

一方で、網で捕る天然ブリは、江戸時代の「日本山海名産図絵」に「丹後与謝の海に捕るもの上品とす」「椎の木甚多く、其実海に入て魚の飼となる故に美味なり」などと紹介され、宮津藩の財源となるなど尊重されてきた。時代を経て、刺し網から定置網に変わったが、町民にとって大切な存在だ。

60年以上定置網漁業に携わった永濱為治さん（84）＝同町亀島＝は「ブリは他と金額が違う。大漁の年はあちこちで家や舟屋が建て替えられ、飲む機会も増えましたな」。伊根祭で浮かべる船屋台の西陣織の錦を買い替えたとの記録も残る。

新井崎水産（同町新井）の石倉尚正社長（61）は「ブリは大量に入る可能性がある魚で、そうなれば逆転満塁ホームラン」。魚群探知機で魚影を探しており、14年の大みそかにもブリの大群を捉え、休みの従業員が総出して計2100匹を引き揚げた。網の手入れも怠らず、「いかに良い状況で網を置いておくか。やれるだけのことはやって、あとは神頼みや」と語る。

天然物が大漁に揚がると港が活気づくのは、昔も今も変わらない。

時代が流れ、漁法が変わっても、ブリは変わらずに人々に愛され続けるだろう。（三皷慎太郎）

山から下りるクマ　（舞鶴市）

無益な殺生したくない

ツキノワグマは、府レッドデータブックで「絶滅寸前種」とされ、府内では2002年から禁猟になっているが、北部では通学路や民家周辺での目撃も多く、果樹などの被害もある。クマとどのように付き合えばいいのだろう。

「熊、おれはてまえを憎くて殺したのでねえんだぞ」「おまえは何がほしくておれを殺すんだ」宮沢賢治「なめとこ山の熊」の一節だ。

舞鶴市と接する福井県ではクマ猟が続く。福井県小浜市の猟師、大椿明夫さん（57）は代々クマ猟をしてきた。福井県と滋賀県の境にある上根来の生まれで、生活の糧となる炭焼きのスギが「クマ剝ぎ」でやられた。「クマは目の敵。生活のために猟をした」

5、6人が列を作って雪山を歩く。冬眠するクマを探し、穴蔵からおびき出して銃で撃つ。雪山を何キロも歩き、険しい場所にある穴蔵を探す重労働。「猟師の高齢化で体力が持たず、胆のうも流通しなくなり、クマ猟が減っている」という。

「無益な殺生はするな」が代々の教え。「猟の目的が駆除になった。もやっとしたものが胸に残る」。小浜市で大量出没の年、1カ月で13頭が駆除されたが、翌年もクマ剝ぎなどの被害が続いた。「あんな恐ろしい動物はいない。人家近くの出没に危機感を持つべきだが、猟をしてもしなくても、頭数は変わらないのではないか」と戸惑いもみせる。

府北部のツキノワグマは、福井、滋賀、兵庫にまたがる近畿北部のグループに属し、由良川を境に東と西の2系統（丹波個体群と丹後個体群）があるとされる。府内では由良川以東に約200頭、以西で約700頭と推定されている。

右／シカやイノシシ用のわなで誤捕獲されたクマ。麻酔で眠らせ、奥山に放獣した（舞鶴市与保呂）＝土佐さん提供
左／クマ剝ぎをされたスギ（福井県小浜市）

イノシシを捕獲するおりから逃げた跡や折れた柿の木など、民家近くに来たクマの痕跡は多く、府内では1997年から刺激物を顔面に噴射してから遠い場所に放つ「学習放獣」が続くが、「また戻ってくるのではないか」と怖がる住民も多いという。

舞鶴市与保呂の門河孝夫さん（71）と土佐繁美さん（76）はツキノワグマが暮らせる山を作ろうと、餌となるドングリが実る木の植樹を10年続けている。

15年ほど前の夏、与保呂の山が真っ赤に染まった。カシノナガキクイムシが媒介した菌による「ナラ枯れ」でドングリの木が枯れたのだ。門河さんは2004年に退職後、地域の自治会長と森林組合長となり、山と向き合った。

山で拾ったコナラやクヌギなどのドングリを畑で2年育て、山に植樹する。ドングリが実るまで7年ほどかかるが、シカが芽や皮を食べ、1年で半分はやられる。有害鳥獣駆除も行う土佐さんは「ちょっとドングリを植えただけでは何ともならん」とこぼすが、「殺すだけでなく、生き物が住める山を作らないかん」。

植樹に地域の子どもたちも参加するようになった。門河さん、土佐さんは、子どもたちに山の大切さを伝えたいという。子どもたちが植えた苗がたくさんのドングリを実らせるころ、私たちとクマとの関係はどうなっているのだろうか。子どもたちが誇りを持てる山になっているだろうか。（加藤華江）

増え続けるシカ

（福知山市／綾部市）

追いつかぬ猟　山林荒廃

田畑に張り巡らされた防護柵。イノシシやサル、シカから農作物を守るため、当たり前になった風景だ。特にシカは数が急増、森林生態系の破壊は深刻さを増している。狩猟者の高齢化も危ぶまれているが、府北部で山に分け入る若者がいる。なぜ、猟師になったのだろう。山で何を見ているのだろう。

「ここはシカやイノシシが通る、人間でいう国道」。福知山市東部の山中。猟師の清水祐輔さん（30）が獣道を指さした。周囲には動物の足跡や土を掘り返した痕跡。シカがまたぎそうな倒木の近くに、くくりわなを仕掛ける。わなを踏めば、ワイヤがシカの足を捉える。「人間を化かすくらいじゃないとだめ。動物との知恵比べ」。落ち葉や土をかぶせて、仕掛けを隠した。

清水さんは栗東市の住宅街で育った。大学に通った後、「胸を張れる職業」として農業を選んだ。南丹市で田植えをして1週間ほどして、イネの苗がシカに全部食べられた。悔しい思いを胸に、福知山市の猟師から、わなのかけ方や肉のさばき方を学び、2013年に狩猟免許をとった。

「狩猟には、数万年前の日本人につながり、生き物としての力を取り戻す感覚がある」と清水さん。「何よりシカ肉はうまい」と笑顔を見せる。

清水さんは工場で働きながら、福知山市観音寺の自宅近くなどでシカやイノシシを月2～3頭とり、解体までをこなす。

「獣一つさばけたら、自由にどこにでもいける。山にはフリーな資源がたくさん。何をするにもお金がかかる都会より刺激的」

シカは繁殖力が強い。近年までメスジカが保護され、狩猟者も減った。積雪が減り、

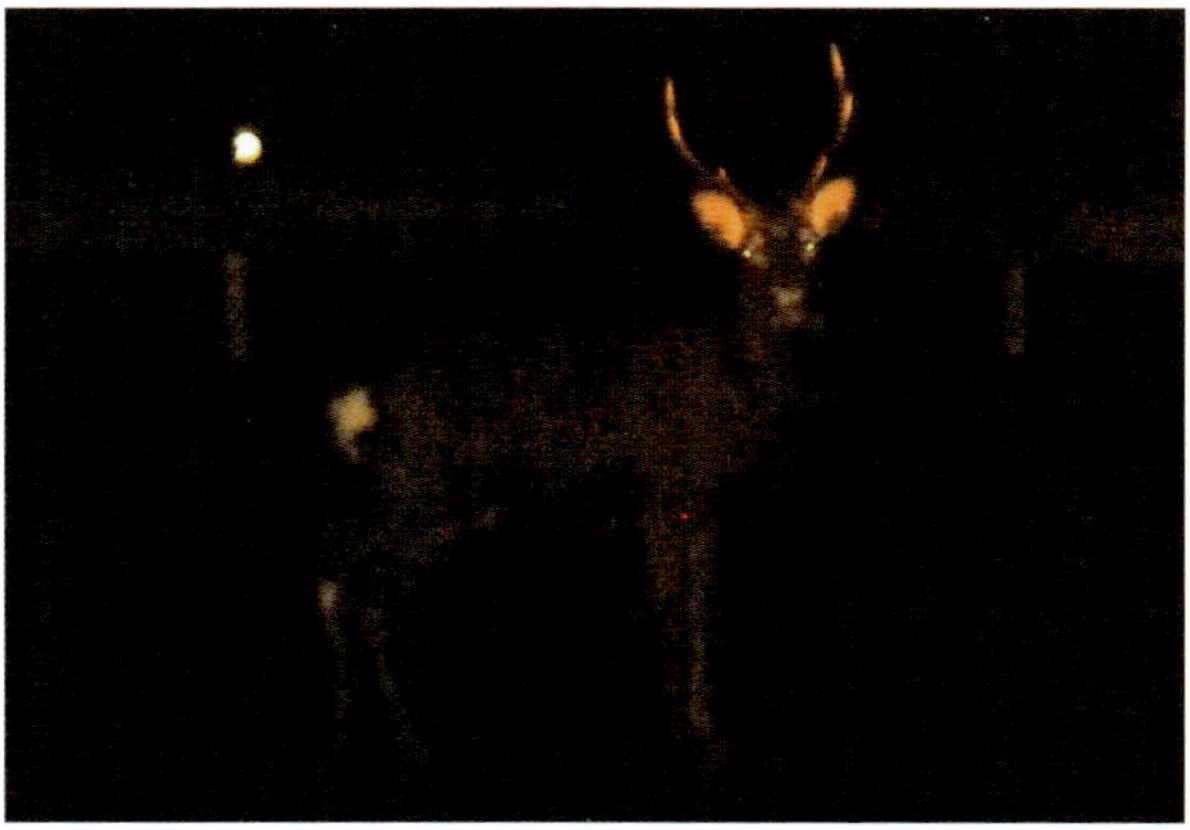

上／自宅の裏山にわなを仕掛ける清水さん。木を置いてシカが通る道を狭める（福知山市観音寺）
下／深夜、山間部の道路に現れたシカ。農作物だけでなく、山や交通にも影響を与えている（同市大江町橋谷）

早く雪解けする道路脇の緑化に外来牧草が使われるなどして、冬に寒さや餌不足で死ぬことが少なくなった。野生動物の保護管理に詳しい村上興正元京都大講師は「人間社会の変化が増加の基本的要因」と指摘する。

環境省のニホンジカの推定生息個体数（12年度末）は２４９万頭でうち府内は11万頭。府内では１９７０年代半ばに年間約５００頭だった捕獲数が14年度は40倍の約２万頭になったが、増加の歯止めになっていない。

京都丹州木材協同組合（綾部市）の伊東宏一理事長（71）は「シカが新芽を食べるせいで、ここ数年新たな植林ができていない。木の皮を剝ぎ、木材の値打ちも下がる。シカ対策をしないと人工林の放置はさらに広がり、土砂災害を招くことになる」。

シカは山での営みをむしばみ、山を危険な存在に変えている。荒廃した人工林は暗い山となり、シカの餌になる下草が生えにくい。山に人が入らなくなり、人口減で耕作放棄地も増えた。シカは餌がある田畑や庭先に近づく。民家や耕作放棄地の近くにわなをかけるだけで、シカは捕獲できるという。

山が瀕死《ひんし》の状態になっている。「もっと山のことを知りたい」。猟師になって2年、清水さんは春からは京都府立林業大学校（京丹波町）に通う希望を持っている。（秋田久氏）

苦境に立つ牛の畜産

（京丹後市）

おいしさ発信へ　知恵絞る

子どものころ、父親の給料日には、すき焼きや焼き肉が食卓を彩った。朝晩に牛乳を飲む習慣は今も続く。京丹後市に赴任し、新鮮な牛乳で作ったアイスクリームのおいしさに目を丸くした。環太平洋連携協定（ＴＰＰ）で「食」が大きく変わろうとしている。海外の安価品を歓迎する声もあるが、日本に牛がいなくなるのではないか。市内の牧場を訪ねた。

「本当に大変な時代。ＴＰＰ発効前に府内に牛の畜産農家はいなくなってしまう恐れもある」。京都丹後野村牧場（網野町小浜）代表の野村拓也さん（59）は危機感を抱く。

牛肉の輸入自由化、ＢＳＥ（牛海綿状脳症）、口蹄疫《こうてい》、生食規制、原発事故に伴う稲わら汚染と、牛にまつわる問題が起きるたび、畜産農家は苦境に立った。近年は円安で輸入飼料の価格が高騰、中国など海外の需要増もあり高止まりしている。そこにＴＰＰが追い打ちをかける。

牛の畜産農家は高齢化が進み、後継者不足に悩む。府の調査（２０１４年）では、府内で乳用牛を飼養する農家は1989年から274戸減の73戸、肉用牛は449戸減の93戸。市内でも15年までに乳用牛5戸、肉用牛16戸が残るだけだ。

丹後ジャージー牧場（久美浜町神崎）取締役の平林文子さん（67）は「物心ついたときには酪農は30軒あったのに。仕事はきついし、設備費も高く、もうからない。夫婦でやっている牧場は後継ぎがいない」。

一方で、生産者は生き残りをかけて知恵を絞る。生産だけでなく加工や流通・販売も手掛ける「6次産業化」に取り組み、消費者との結び付きを強めようとしている。

日本海牧場（網野町生野内・浅茂川）は、

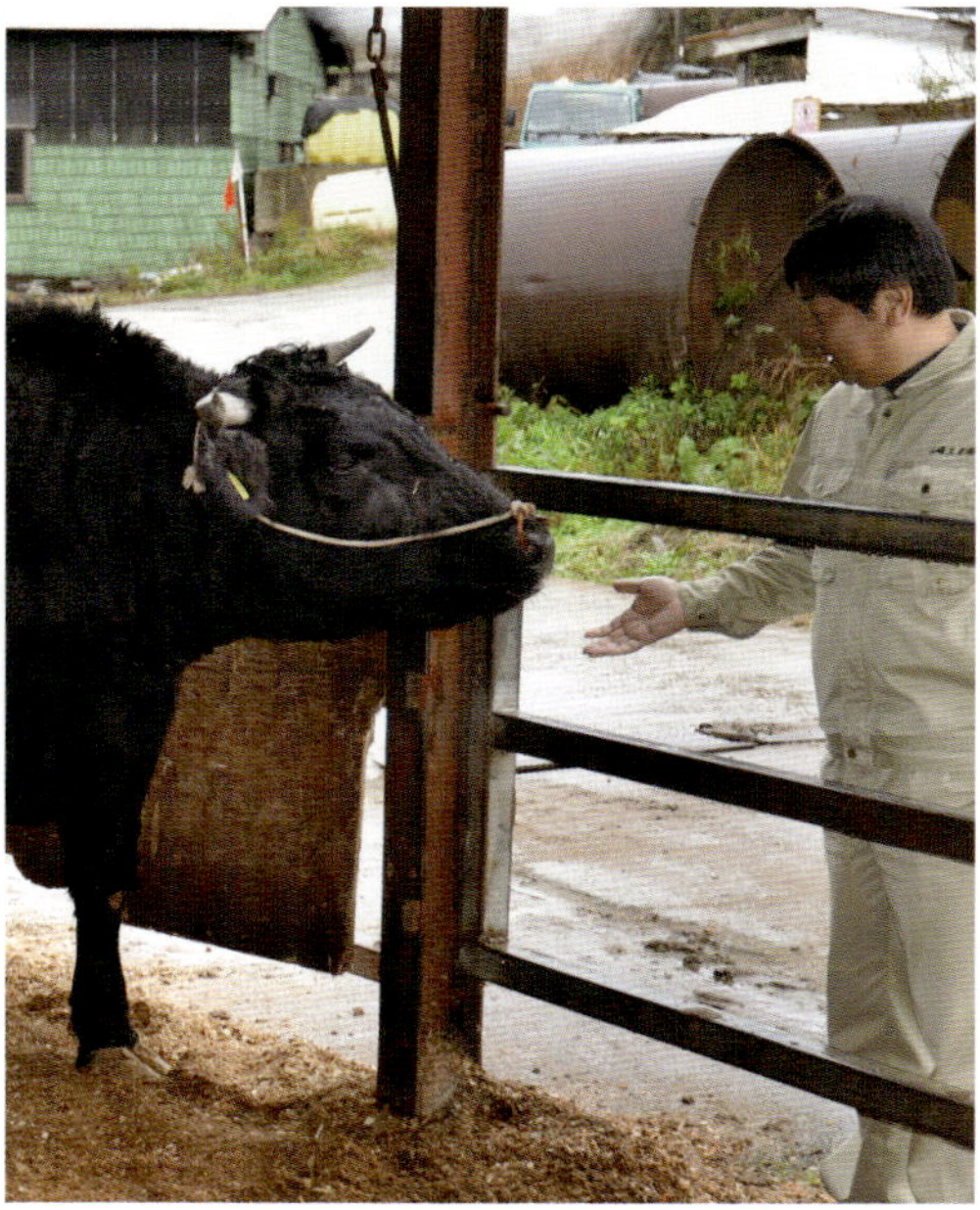

右／「京たんくろ和牛」の世話をする日本海牧場の山﨑さん（京丹後市網野町生野内）
左／新鮮な牛乳を使って作られたモッツァレラチーズ。おいしさを追求し、手作業で練り込む（同市久美浜町神崎・丹後ジャージー牧場）

黒毛和種と日本短角種の交雑種「京たんくろ和牛」のブランド化を進める。食品の残りかすを飼料化する「エコフィード」も実施。府内で唯一、生産情報公表ＪＡＳ規格を取得して安全安心な牛肉生産を図っている。

イスラム教の戒律で食べることが許される食事「ハラール」の勉強会にも参加する代表理事の山﨑高雄さん（52）は「インバウンド向けに力を入れ、『耕畜連携』で飼料費の低減も行っていきたい」と話す。

丹後ジャージー牧場では、ジャージー牛の牛乳の濃厚な味わいを生かし、工房でプリンやジェラートなどを生産販売する。モッツァレラチーズも作り、石窯で焼くピザの提供も始めた。「牛乳のおいしさを伝え、次世代が頑張れるようにするのが私たちの役目」と平林さん。

京都丹後野村牧場でも搾りたての牛乳を使ったアイスクリームなどを手作りし、販売。牧場経営の出費で65％を占める飼料費軽減のため、自給飼料の生産も行う。久しぶりに酪農家志望の若者を預かり、後進を育てる予定だ。

「日本の1次産業は保護されすぎている」という意見は根強い。ただ、生産の現場には３６５日休みなく生き物と向き合う人たちがいる。「おいしさを伝えたい」。そんな強い思いが私たちの「食」を支えていると感じた。（大西保彦）

山あいに羊を放牧（福知山市）

理想の生活　地方でこそ

退職後の第二の人生に向けて、羊を放牧するために福知山市三和町に移住した夫妻がいる。なぜ都会から山あいの集落に？　夫妻が運営する農場「みわファーム」を訪ねた。

約1ヘクタールの草原で、10頭の羊が気ままに散歩していた。ボーダーコリー6頭、猫1匹、ヤギ3頭、カモやニワトリ約25羽もいる。オーナーの旭弘子さん（54）は「動物も私たちもストレスの少ない環境で穏やかな暮らしができている」と放牧地を見つめる。

農場では、ゆったりとした時間が流れる。午前8時と午後4時ごろになると夫婦で餌やり。弘子さんが指示を出すやいなや、ボーダーコリーは羊の行く先に素早く回り込み、小屋に誘導した。

弘子さんは、大手電機メーカーの研究員だった夫の敏之さん（56）と、大阪府交野市の住宅地に住んでいた。マンションで飼っていた愛犬のボーダーコリーは、もともとはイギリスの牧羊犬。英国のように羊を追わせてやりたいと土地を探し、三和町の山裾に広がる耕作放棄地を購入、

羊を放牧するために三和町に移住した旭さん夫妻（福知山市三和町梅原）

2004年に弘子さんが現在は留学中の娘やボーダーコリーとともに先に移り住んだ。

2人は土地を開墾し、敷地を柵で囲い、羊やヤギを放牧した。敏之さんは会社を早期退職するまで週末ごとに往復4時間かけて三和町に通った。「会社員だったころは、成果に追われて息の詰まる毎日だった。三和の澄んだ空気を吸うたびにほっとした」と振り返る。

都市部の人にも「動物と安らげる場所を」と、11年にファームを開いた。

NPO法人ふるさと回帰支援センター（東京）によると、センターの相談窓口などを利用した全国の移住希望者は14年度は約1万2千人で、09年度から5年で

3倍以上になった。府内へのIターン者数は14年度に108人（府把握分）で09年度の約6倍。「東日本大震災や非正規雇用の拡大で、多くの人が目先の利益を追い求める都市型の生活を改めようとしている」とセンターは分析する。

羊は10～12月に繁殖期を迎え、3～5月に出産、産後は毛刈りが待つ。「羊は四季を感じて生きている。私たちの1年も、羊とともに回る」と弘子さんは笑顔を浮かべる。刈った毛で羊毛工芸の体験教室を開いたり、羊毛から作ったフェルトを販売したりもする。

休日には、全国から集まったボーダーコリーの愛好家が愛犬と羊追いの訓練をし、新鮮な空気を満喫しながら動物の話で盛り上がる。「都会の生活に多くの人が無理をしている。自然に近い環境で暮らすのが、人間や動物にとって理想」と敏之さん。

「近所の目を気にせず動物を飼いたい」と相談されることも多い2人は「潜在的な移住希望者は多い」と考えている。「移住といえば農業のイメージが強いが、広い土地がないとできないことはたくさんある。動物との生活が、新しい移住の形になってほしい」と望む。

動物とのふれあいは人の心を温かくする。羊のように和やかな夫婦の暮らしが、うらやましく見えた。（北川裕猛）

季節を彩るアオリイカ　（伊根町）

海が育む食文化　脈々

正月のおせち料理といえば、黒豆や数の子、田作り、かまぼこなどいろいろ思い浮かぶが、伊根町ではアオリイカに塩をして干した「塩イカ」が欠かせないという。人々に愛されているイカを見ようと伊根湾を訪ねた。

「これが今しか見られない伊根の秋の風物詩や」と、「伊根浦創造塾」事務局長の永濵克良さん（61）。

２０１５年10月下旬、国指定重要伝統的建造物群の舟屋をバックに、白いイカが青い空と海に映えていた。アオリイカの天日干しだ。

アオリイカは秋から冬にかけて肉厚になり、丹後では「秋イカ」と呼ばれる。伊根の家庭では定置網で水揚げされたイカを漁港で買い求め、内臓を取り、海水で墨を落とす。皮をむいて一夜干しにしたり、塩をまぶして乾燥させたりして保存する。漁の留守を守る女性たちの仕事という。

亀島地区のカンジャガハナ灯台（通称・赤灯台）周辺では、天気が良い日には朝からイカがのれんのように並ぶ。「日当たりと風通しが良く、イカを干すのに最高の場所」と近くの亀井登女子さん(77)。古里の味を町外の息子や娘にも送っているという。

イカと丹後の関わりは古い。平城京跡で見つかった奈良時代の木簡には「宮津郷烏賊《いか》二斤」との記載もあり、奈良の都に貢がれていたことが分かる。

府北部の沿岸では季節ごとにさまざまなイカが捕れる。アオリイカは「藻イカ」とも呼ばれ、春になると沿岸の藻場で産卵する。アマモやホンダワラなどの藻場は「海の森」「海のゆりかご」ともされ、さまざまな生き物を育んでいるが、環境省の調査では府内沿岸の藻場は1978年から90

左／舟屋を背景に寒風にさらされるアオリイカ（伊根町亀島）
右上／大型定置網で水揚げされたアオリイカ（同町平田・伊根浦漁港）
右下／干したアオリイカを熱湯で戻し、包丁で切る倉さん（同町亀島）

年にかけて約22ヘクタール消失、府は2006年から舞鶴市や宮津市の沿岸でホンダワラの藻場造成を進める。

京都府漁協伊根支所では漁獲した親イカを産卵時期まで育てる取り組みを進めており、奥利春支所長（56）は「アオリイカが増えて、より豊かな海になってほしい」と願う。

12月末、倉ぬい子さん（82）宅で正月用の「塩イカ」をいただいた。ぐつぐつ沸騰した小鍋から赤くなったイカを取り出し、素早く包丁で短冊に切る。歯ごたえの良さとくせになりそうな塩辛さがたまらない。

皮をむかずに塩をまぶし、カラカラに乾燥させ、元日に食べる。雨が降れば屋内に入れる。「放っておけばいいものじゃない。手間はかかりますが、きれいに仕上げたい」と笑う。切ったイカの耳がかぶとの形に似ていて縁起が良いなどとされ、結婚やお宮参りなど、めでたい日にも食べるという。

家ごとに作り方や味付けは違い、「教えてもらったことはなく、見よう見まねで覚えた。昔からずっと続いてきたことやし、今の若い人にも伝えたい」と倉さん。

冷蔵庫がない時代は殺菌作用のあるわらでくるんで正月を迎えたという。「昔の人の知恵やね」

豊かな海が豊かな文化を育み、地域に脈々と息づいてきた。豊かさとは何なのか、ふと考えた。

（三皷慎太郎）

田畑　荒らすサル

（舞鶴市／綾部市）

里守る意欲　瀬戸際

申《さる》年生まれだからだろうか、サルに愛着がある。いとこの子がサルの仮装でにっこり笑う年賀状を見て、かわいいと思った。しかし田畑を荒らすニホンザルは、かわいいなんて言っていられない。あの手この手でサルと闘う人たちを訪ねた。

舞鶴市佐波賀の佐藤正之さん（52）が故郷に戻って19年、サルとの戦いが続く。イチゴを栽培するビニールハウスを破られ、食い荒らされた。ダイコンもかじられた。近くの農家では「ダイコンを人間が抜くかサルが抜くかの競争になった」。

竹や雑木を切って畑と山の間に「バッファーゾーン」を整備、サルの行動範囲を山側にとどめようとしたが、十分とは言えないという。

「村は平均年齢が70を超え、体力に限界がある。先祖が苦労して作った畑を守りたい、土地が荒れるのを防ぎたいと頑張っているが、サルがやる気を奪おうとしている」

獣害問題に詳しいＮＰＯ法人・里地里山問題研究所（兵庫県篠山市）の鈴木克哉代表理事（40）は、ニホンザルの人里への進出について「山の食べ物より、農作物の方がおいしくて栄養があると学習したから」と指摘する。

本州、四国、九州のニホンザルの分布域は１９７０年から40年で約3倍に拡大。中山間地で働く人が減り、追い払うことも減ったため、人を恐れずに農作物を荒らしている。

「サルが過疎化と耕作放棄に追い打ちをかけている」

綾部市に移住して農業を始めた宮園裕之さん（44）は府や大学と共同で、格子柵の支柱に電気を流し、サルが

上／ネットが張られたダイコン畑を狙うサル（舞鶴市佐波賀）
下／実験中のサル対策ネット。ネットを張る支柱にも電気を流し、サルが手でつかめないようにしている（綾部市八津合町）

支柱をつたって登れないようにして効果を確かめている。畑でサルが好むエンドウやサツマイモを栽培しているが、これまで被害はないという。

囲いや動物よけの仕掛けのない畑で、エゴマも育てている。エゴマはサルに食べられず、体に良いとして良く売れるといい、宮園さんは集落での栽培普及に期待をかける。しかし、サルの被害がひどくて農業を続けられなくなった人も出ているという。

「畝の立て方で作物のできが変わる。今のお年寄りの方々が元気なうちに技術を受け継がないと、分からなくなる。つながりを絶やしたらあかん」と、焦りものぞかせる。

環境省と農林水産省は2014年4月、「ニホンザル被害対策強化の考え方」で、23年度までに農業や人に被害を及ぼすサルの群れの数を半減する目標を掲げた。15年5月には改正鳥獣保護管理法が施行され、従来の一律保護から、サルなど一部の鳥獣は積極的な捕獲を含む「管理」を行う一大方針転換が図られた。

府もニホンザルの管理計画を策定したが、地域での対策強化はこれからの課題だ。サルは食べ物だけでなく、人から生きがいを奪い、地域を追いつめている。事態は深刻だ。

（加藤華江）

「蚕都」は今（福知山市／綾部市）

受け継がれる産地の心

かつて福知山や綾部は「蚕都《さんと》」と称され、関西の蚕糸業の中心だった。現在、府内の養蚕農家は福知山市内の2軒のみ。「お蚕《かいこ》さん」の姿はどこで見られるのだろう。

「蚕はかわいい。一生懸命育てたら応えてくれますから」

養蚕農家の福知山市下天津の桐村さゆりさん（79）は、地域の養蚕の生き字引だ。子どものころ、桑畑があちこちに広がり、米作りの合間に養蚕が行われていた。繁忙期は学校が休みになった。蚕のふんを畑にまくと野菜がよく育ち、葉を食べ尽くした桑の茎は牛の餌にした。うちの娘は蚕のおかげで着物を作って嫁に出せた――と言っていた人もいた。「蚕さまさまでしたね」と懐かしむ。

現在は春と秋に養蚕を行う。温度と湿度に気を配り、餌の桑の葉を蚕に与える。蚕は数ミリ程度の大きさから脱皮を繰り返し、成長する。糸を吐く5齢になると、体長7センチ前後に。桑の葉をはむと「ザーザーって雨のような音がしますよ」。

府北部には古代、大陸の文化や先端技術がいち早く伝わった。丹後地域がルーツの一つともされる「羽衣伝説」の中には天女が養蚕を教える物語もあり、蚕とのつながりは深い。江戸時代に大きく発展した「丹後ちりめん」は現在も日本を代表する絹織物ブランドだ。

先取りの精神は時代を超え、1896（明治29）年に波多野鶴吉が綾部に創業した郡是製糸《せいし》株式会社（現グンゼ）は最新技術を導入、製糸工場を府北部各地に建てて大量生産した。生糸輸出は日本の近代化を支え、昭和初期には由良川沿いを中心に府内だけで3万戸近い養蚕農家があった。

だが、戦後の高度経済成長期以降は外国産生糸や化学繊維の普及などで蚕業は衰退。大日本蚕糸

左／桐村さん宅に残る「わら蔟（まぶし）」という蚕具。成長した蚕が入り、繭を作る（福知山市下天津）
右上／塩野屋の桑畑を訪れた飯村さん（亀岡市千歳町）
右下／蚕に触れる子どもたち（綾東幼児園提供）

会（東京）によると、2013年の国内養蚕農家戸数は486戸にすぎない。

「日本の生糸でシルク製品を作ることをあきらめないといけないのか」

危機感を持った絹織物製造販売「織道楽　塩野屋」（亀岡市）の服部芳和社長（66）は、亀岡市内で自ら桑畑を整備、養蚕の復興を目指す。昨秋、桐村さん宅に研修生として飯村昌《あき》さん（24）を派遣、約1カ月間住み込みで養蚕を学ばせた。

飯村さんは川崎市の実家で蚕を育てた経験があり、大学でも機織りを専攻、「蚕は超かわいいです」と屈託がない。養蚕から広がる循環型の暮らしにも憧れる。蚕に桑の葉を与える桐村さんの手さばきを目の当たりにし、「技を盗んで、いつか自分でも養蚕をやってみたい」と夢見る。

綾部高（綾部市）の校章は桑の葉をかたどる。大江高（福知山市）のルーツは蚕業学校だ。学びやにも「蚕都」の面影が残る。

綾部市十倉名畑町の綾東幼児園では3年前から5歳児が蚕を育てている。どんどん大きくなる蚕に驚き、手のひらに載せては「冷たくて気持ちがいい」と喜ぶ。週末は分担して自宅で世話をした。渡邊友子副園長（49）は「子どもたちがすごく興味を持つ。蚕が成長する過程を見られるのがいい」と見守る。

産業としての養蚕・製糸は廃れても、「蚕都」は形を変えて受け継がれていくだろう。

（日下田貴政）

第2章

働く若者たち

小中一貫校の教師

（福知山市）

子の成長の日々　向き合う

教え子一人一人の記憶をかみしめながら名前を読み上げた。２０１６年3月中旬、福知山市夜久野町の小中一貫校・夜久野学園での卒業式。小森弘毅さん（32）は教師になって初めて中学3年生を送り出した。

32人が巣立った式の後、教室で生徒をまっすぐ見据え、言葉を詰まらせながら語り掛けた。「回り道をしても構わない。人との出会いを大切にして努力してください。この仕事を誇りに思えたのも、皆さんのおかげです」。全員に励ましや感謝の思いを書いた手紙を手渡した。

福井県おおい町出身で父親も中学教師だった。高校卒業後、将来が描けず、国内各地を旅した中で、当初は「大変な仕事」と敬遠していた教師を目指すようになった。

20歳で山形大の教育学部に入学。古里に近い京都府を選び、10年、教師の第一歩を夜久野町の精華小で踏み出した。同小はその後、府北部初の小中一貫校となった。

11年の東日本大震災では、学生時代に歩いた場所や友人宅が津波にのまれた。小森さんはすぐにボランティアに駆け付けて以来、毎年被災地に通う。

15年の修学旅行は、「頑張っている人たちを子どもたちに見せたい」と、宮城県の沿岸部の学校を訪問先に選んだ。生徒は被災地の中学生とどう接していいか分からない様子だったが、次第に打ち解けた。「日常の幸せも当たり前ではない」「震災のことを伝えたい」と感想を寄せてくれたのがうれしかった。

被災地に送るために地元特産の「坊ちゃんカボチャ」を学校で育てたが、イノシシの食害で全滅すると、保護者や住民がカボチャを届けてくれた。さまざまな人に支えられている――。小森さんが子どもたちに伝えたいことの一つだ。

右／卒業生と教室で記念撮影する小森さん＝中央下（福知山市夜久野町高内・夜久野学園）
左／入学式の前、児童に話し掛ける高鍬さん（同町高内・夜久野学園）

この春からも中学3年を担任し、教員生活は7年目に入った。「中学は気持ちが揺れ動く大切な時期。自分の一言一言がどんな影響を与えるか、毎日悩む。しんどいけど、すごい尊い仕事」と充実の日々を語る。

「元気のよい歌声を響かせましょう」

4月上旬、夜久野学園の小学校教諭高鍬恵さん（27）は入学式前の歌の練習で小中学生に丁寧な口調で呼び掛けた。式では幼い新1年生が中学生に手を引かれて入場。「小学生は、優しい中学生に憧れを持つんです」と笑顔を絶やさない。同学園は小中学生１６３人が同じ校舎で学ぶ。登山や工場見学など縦割りグループで地元を知る活動もある。

高鍬さんは福知山市で育った。福知山成美高では吹奏楽部の発足に奔走。野球部の応援で、甲子園のアルプススタンドでホルンを吹いた。音楽教諭を志し、家族のいる地元での勤務を希望した。

夜久野町は子どもの減少が進む。受け持つ小学5年生は19人。指導する中学の音楽部は一時休部したが、今春から5人が入部し、活動を再開できた。

教室で児童と向き合う。言葉をかけ続けることで、あいさつが苦手だった子ができるようになった。「子どもは日々、成長していく。うれしいことの連続です」（秋田久氏）

大規模な農業（綾部市）

自然相手、工夫次第で

「今年もよろしく」

4月上旬、イネの種をまく前日の夜。綾部市小畑町の西山和人さん（34）は豊作への願いを込めて、父親の遺影のある仏壇に手を合わせた。「身内なら少しは言うこと聞いてくれるかな」と笑う。

2007年5月、専業農家だった父・徹さんが、50歳でがんのため急逝した。里山に囲まれた水田がちょうど田植えの時季を控えていた。甲子園球場2・5個分の約10ヘクタール。耕作放棄地にするわけにはいかない──。和人さんは幼稚園教諭を目指していたが、専業農家を継ぐことを決断した。

「農業はきつい、もうからないと、子どもの頃は嫌いだった。兼業で受け継ぐにしても、もっと先のことだと思っていた」

父の病気を機に、会社を辞めて帰郷していた弟の秀人さん（32）も米作りを手伝い、後に専業になった。「初めは2人とも素人同然だった」と振り返る。

育苗の温度管理はどうするのか、田植えの適正な時期は―。試行錯誤を重ねるうちに収穫量を安定させていった。農薬や化学肥料を極力使わない父のこだわりも引き継いだ。

国の大規模農業化の流れを受け、12年には農業生産法人「丹波西山」を設立。2人は大型の農業機械を自在に操り、苗を作り、土を耕す。販路は口コミで各地の消費者や京都市の老舗酒蔵などに広がった直売で、米価の下落の影響が少ないのが強みだ。昨年手掛けた酒米「祝」は、府内の品評会で最優秀賞に輝いた。

秀人さんは「自然相手に人間ができることは限られているが、工夫次第でよい結果が出るのは楽しい」と喜びを語る。

地域を見渡せば、農家の高齢化は深刻だ。西山さんたちも農地を託されることが増え、16年は約20ヘクタール

右／トラクターの点検をする西山和人さん＝右＝と秀人さん（綾部市小畑町）
左／ミズナが育つビニールハウスで水やりをする渡邉さん（同市舘町）

に収穫時期の違う9品種のイネを植える。和人さんは「米作りもやり方次第でやっていける。子どもが将来なりたい職業に入るようようイメージを変えたい」。田植えの準備をしながら夢を語った。

ミズナを育てるビニールハウスが立ち並ぶ綾部市舘町。市や府が出資する農業生産法人「農夢」の社員渡邉史人さん（23）は、育ち具合を確認しながら大きさが均一になるよう水をまいていた。害虫の侵入がないか、目を凝らす。野菜の甘みを生む有機肥料での土づくり。午前8時から午後5時の定時で働き、その大半をハウスで汗を流して過ごす。

祖父母の農作業を手伝い、興味を持った。地元の綾部高、府立農業大学校に進学。実家の農地規模はそれほど大きくなく、自分の経験も十分でないため、卒業後に選んだのが法人への就職だった。

農夢は15年度、ハウス58棟で年間でミズナ142トンを生産。設立9年目の売り上げは9900万円に上った。社員8人は20～30代で京都市や大阪府の出身者も多く、就農の受け皿になっている。四方勝一社長（65）は渡邉さんを「口数は少ないけど、こつこつと頑張る」と評価する。

渡邉さんは、市内の自宅では学生時代から研究する黄色のトマトを育てている。「野菜をつくるのがとにかく好き。綾部は自然が多くて人も温かい。都会に憧れはないです」と地に足をつける。

（秋田久氏）

鉄道を盛り上げる（宮津市）

新企画で沿線の魅力発信

眺望スポットの奈具海岸（宮津市）に差し掛かると、京都丹後鉄道の観光列車「丹後あかまつ号」はサービスで一時停車する。「よく晴れたら、こんな風に見えるんですよ」。ブレザーにネクタイの制服姿の前田菜津美さん（29）は写真を示しながら、乗客一人一人に笑顔で声を掛けて回り、車窓からの景色を説明した。

12人いるアテンダントの1人。乗客に旅を楽しんでもらえるよう、常に心を配る。車内販売や乗り継ぎ案内も行う。沿線の京丹後市久美浜町出身だけに、車内アナウンスにも力が入る。「木津温泉が府内最古の温泉だと紹介して、お客様から驚きの反応が返ってきたりするとうれしい」と、地域の歴史や名所を伝えることにやりがいを感じている。

峰山高卒業後、京都市内の旅行専門学校に進んだ。丹後を離れたが、いい仕事があれば帰りたいと考えていた。久しぶりに古里に戻ってショックだったのは、子どもの姿が減っていること。通った保育園や小中学校は統合され、今は無い。「地元に貢献したいと思うようになりました。

今いる若者で盛り上げていけたらいいなって」

人と話すのが好きで選んだ接客の仕事。「私が丹鉄で働いていることを地域の人は皆知っているので、応援の声もかけてもらっています」。地元の期待に応えようと張り切っている。

丹鉄は2015年4月、大幅な赤字が続いていた第三セクター「北近畿タンゴ鉄道」の運行部門を高速バス事業のウィラーアライアンス社（東京都）のグループ会社が担うことになり誕生した。通学や観光の足を存続させなくてはならないと、新たな観光商品の開発にも力を入れる。

「丹後あかまつ号」で乗客に景色を案内する前田さん（宮津市・奈具海岸付近）

「沿線の魅力を全部伝えたい。自治体の方々には本当にお世話になりました」。今月から一新された観光用食堂列車「丹後くろまつ号」の新コースは、天橋立―豊岡間を地元グルメ満載で走る。商品化に携わった1人が、経営企画室の西川昌克さん（27）だ。

テーマは「FOOD　EXPERIENCE」。食を通して地域の文化を体験してもらう狙いだ。駅のホームで地魚の干物とちくわのしちりん焼きを味わえ、京丹後市の長寿レシピ弁当や天橋立名物「智恵の餅」の食べ比べなども実現。初めての取り組みばかりで暗中模索だったが、生産者のこだわりを伝えたい一心で奔走した。

「顔が見えるのが大事」と、車内のタブレット端末で、地元の業者や調理人を紹介する動画も流す。「生産者と乗客を結ぶことが、沿線の魅力向上になると思うんです」と熱を込める。提携する宮津市の谷口商店の代表取締役谷口嘉一さん（40）は「頼もしい。新しいことが生まれ、刺激的です」と乗り気だ。

西川さんは和歌山市出身。和歌山大で、いろいろな業界に関われるイメージのあった観光学部を選び、大学院でも研究した。「観光は本質的に移動」と学び、ウィラー社に入社した。宮津市には14年7月に初めて赴任。以来、海と山があり、人が温かい環境に魅せられている。「地域や人の魅力が発信できる人材になりたい」と、目を輝かせる。（関野有里香）

高齢者の介護

「ありがとう」に励まされ

（福知山市／舞鶴市）

「お湯は熱くないか。次は髪の毛を洗うわな」。福知山市大門の特別養護老人ホーム「豊の郷」。4月中旬、介護士の樽井悠さん（28）は男性に優しく声を掛けながら入浴を介助していた。リフトで湯船に入れ、のぼせないように見守った。

高校生の頃、祖父が車いす生活になったことを機に介護士を志した。2008年に地元の社会福祉法人に就職。現在はサブリーダーとして入所者20人を担当する。認知症の人がほとんどだ。

昼食の介助では車いすの女性の口元にスプーンを運び、口内を歯ブラシで磨く。排せつや入浴の介助は徐々に慣れていったが、高齢者との接し方で失敗したことがある。

失禁したお年寄りのズボンを取り換えようとしたら、激しい口調で拒絶された。「まずは相手の気持ちをくみ取ることが大切だと気付いた」と振り返る。

夜勤で一人勤務時は入所者の異変を知らせる携帯端末を肌身離さず持ち歩く。「何かあったらと思うと一睡もできない」。同期4人は結婚や経済的な理由などですでに退職した。介護は力仕事が多く、男性スタッフとの差に悩むこともある。

それでも、お年寄りの「ありがとう」の言葉がうれしい。「年を取るとできないことが増えるけど、それはかわいそうなことではない。人生の先輩として接したい」と、まなざしに笑みを浮かべる。

介護職の1年間の離職率は約17％に上るという（14年度介護労働実態調査）。府老人福祉施設協議会は「少子高齢化が深刻な府北部は介護職員の獲得に特に苦慮している」とみる。

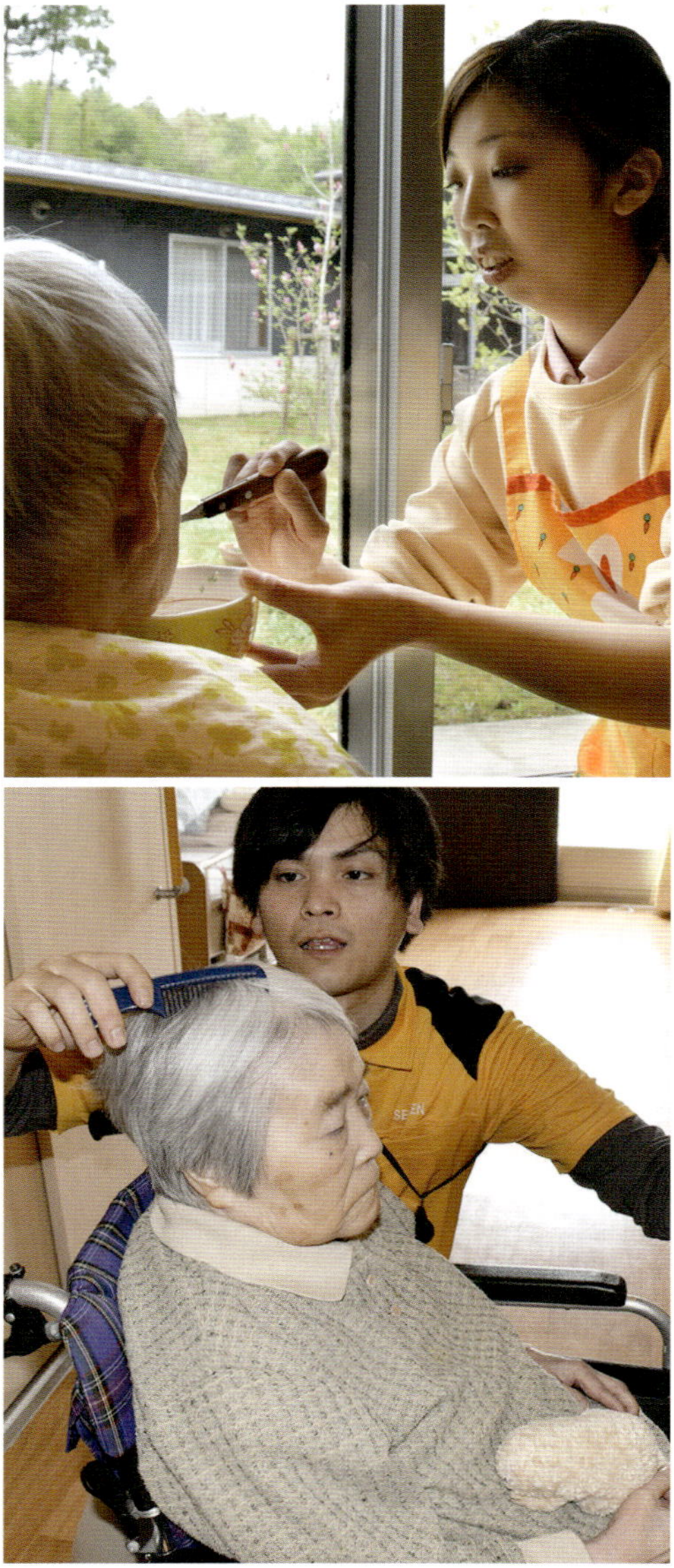
上／食事の介助をする樽井さん（福知山市大門・「豊の郷」）
下／入所する女性の髪をとかす山添さん
（舞鶴市桑飼上・「ライフ・ステージ舞夢」）

「介護は過酷というイメージがあるけど、そうは思わない」。舞鶴市桑飼上の地域密着型介護老人福祉施設「ライフ・ステージ舞夢」で働く介護福祉士山添雄司さん（25）は言い切る。5年も経験を積めば現場の柱となる介護業界。6年目でユニットリーダーを任されている。

なりたくてなった仕事だ。幼い頃はどこへ行くにも祖父母と一緒だった。小学生のときに相次いで亡くしたが、看取《みと》る母親らの姿を見たときの無力感が忘れられない。

綾部高を卒業後、介護を学ぶために福井県美浜町の専門学校に進学。県内の施設で実習したが、方言などがネックとなって高齢者とうまく会話ができなかった。地元舞鶴で就職しようと決めた。

初めて担当した女性には、孫と同じ名前だったこともあって「あんたが来たから元気になれた」と言葉を掛けてもらえた。本当のおばあちゃんのように接したから、亡くなったときは泣いた。以来「もっとこうすればよかった」と工夫を積み重ね、その人らしい最期の過ごし方を手伝えたらと励んでいる。

最近は介護の魅力を発信することにも力を入れている。若手男性スタッフたちとチーム「介護青年団」を組み、市内外である合同就職説明会で先輩として生の声を伝える。

「間違いなく人の役に立てる仕事だと思っています。かつては自分が好きに働けたらいいと考えていたけど、今は福祉の現場をもっと知ってもらい、人材が定着してほしい」

（北川裕猛、加藤華江）

地域医療を支える

（舞鶴市／福知山市）

多様な人生　寄り添う

検査画像を示しながら患者の家族に症状を説明し終えると、病室を回って先輩医師に治療のアドバイスを受ける。緊急処置が入り、看護師から指示を仰ぐ携帯電話が鳴る──。舞鶴共済病院（舞鶴市浜）の外科医、吉田明史さん（30）は4月下旬、多忙な仕事をタフにこなしていた。

「患者さんが病気を治すのを手伝う。医師は究極のサービス業」。手術を担当する日は週に3日ある。病気は消化器系のがんや胆石、盲腸などさまざまだ。前日の夜に手順のイメージトレーニングを重ねる。

父親は舞鶴市で歯科医院を開業し、吉田さんは子どもの頃から同じ仕事に憧れた。兵庫県の私立中高一貫校に通っていたころ、祖父が膵臓《すいぞう》がんで入院し、父が病室で痛がる祖父の背中を懸命にさすっていたのを覚えている。痛みを和らげる医師になりたいと、夢が変わって今がある。

祖父と同じ病気の患者も担当した。手術後に「先生、元気だよ」と訪ねて来てくれた男性もいる。患者と真摯《しんし》に向き合い、最善の治療を尽くしたいとの決意を抱く日々だ。

故郷の病院での勤務は自ら希望した。金沢医科大を卒業後、2年間、付属の大学病院で初期研修医をした後、2014年、舞鶴共済病院に後期研修医を受け入れてもらえるよう頼んだ。「ベースは舞鶴にある。医療に少しでも貢献したかった」

舞鶴市では03年度、市民病院の医師が大量退職して問題となった。公的4病院の医師数は15年4月で108人と、03年から2割減ったまま。救命救急センターはない。舞鶴共済病院では15年、血液内科の常勤医がゼロになった。舞鶴に限らず、「医師不足」は地方に共通する課題だ。

吉田さんは「自分が先例になって、古里に帰る若手がもっと増え

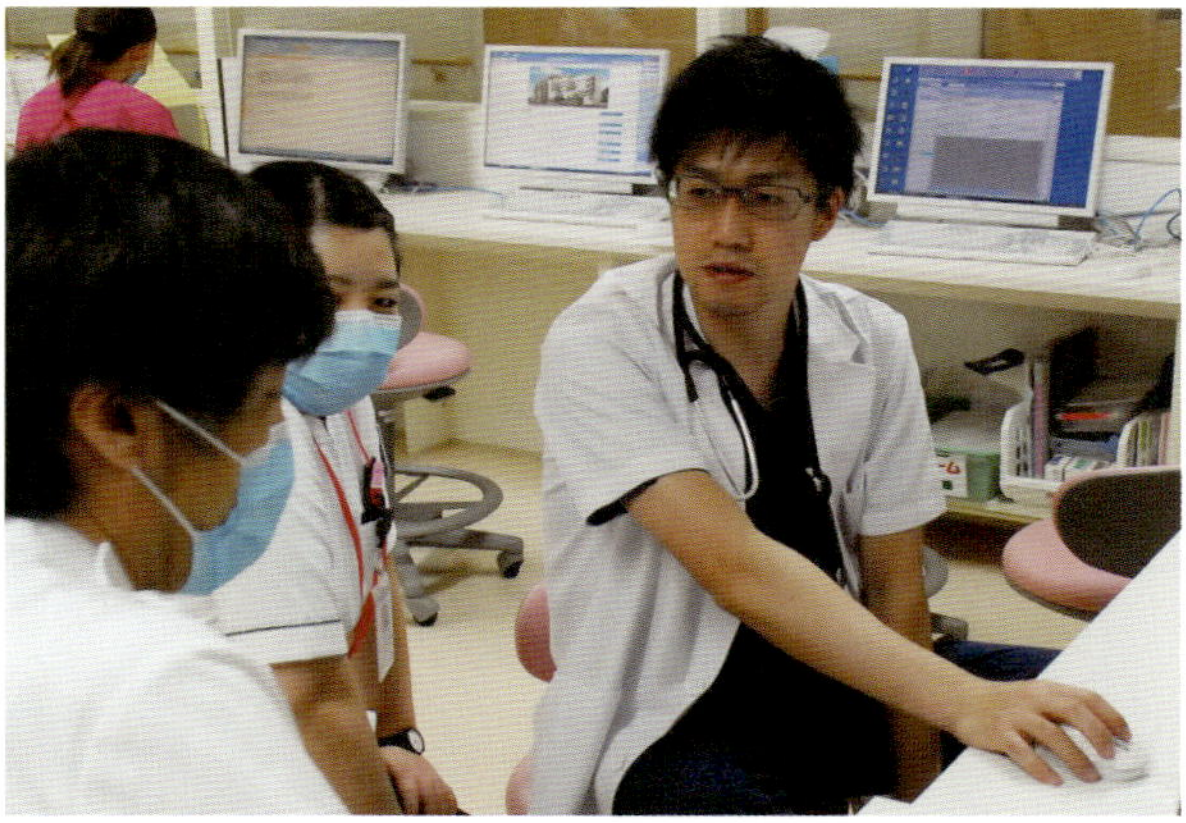

上／古里で外科医として働く吉田さん＝右＝（舞鶴市浜・舞鶴共済病院）
下／患者の病状について同僚と話し合う西川さん＝右＝（福知山市厚中町・福知山市民病院）

てほしい」と願う。

「ネガティブなイメージがあったけど、来てみると北部で働くのもいいなと感じた」。福知山市の福知山市民病院の看護師西川慶子さん（29）は府立医科大生の時、舞鶴市の病院で実習してそう思った。京都市伏見区の出身だが「実家から出て暮らしてみたい」と探した就職先だった。

消化器内科病棟の主任看護師。電子カルテで患者の情報を共有し、病室を回って入院患者の体温や血圧を測る。異変はないか、常に気を配り、患者の声に耳を傾ける。

担当の病棟はがん患者が多い。闘病しながら仕事を続ける人、病気の告知で趣味をあきらめざるをえなかった人…。それぞれの人生の過酷な一場面に立ち会ってきた。「薬の副作用を工夫して、その人らしく過ごせる。治療を組み立てたい」

福知山で働いて8年目の今、がん化学療法看護の認定看護師を目指している。薬の投与管理に関わり、高い専門知識が求められる分野で、神戸市での半年間の研修も終えた。

「病院の後押しもあり、福知山で自分のしたいことはかなえられる。都会ほどごみごみしておらず、ご飯もおいしい。不便を感じない」。仕事の充実とともに永住を決めている。（秋田久氏）

旅館・ホテルで迎える　（宮津市）

思い出づくり支え

日本三景・天橋立を眼下に望む、宮津市文珠の老舗旅館「玄妙庵」。春はイサザ、夏はトリガイなど、旬の食材にこだわった料理で客をもてなす。

献立を考えるのが、料理長の岩城直喜さん（39）。「地元の食材を使っておいしいものをお客様に提供することが、地域活性化にもなると考えながら作っています」。職人らしく実直な語り口だ。

京丹後市網野町浜詰の民宿に生まれた。実は、調理師は跡継ぎとして嫌々進んだ道だった。高校卒業後、兵庫県・城崎温泉の旅館に勤めてすぐに「辞めさせてください」と頼んだ。料理長に「それなら代わりの人間を連れて来い」と言われ、しぶしぶ残った。

だが、独自の捉え方に転換してから、仕事が楽しいと思えるようになったそうだ。料理は自分の好きな「工作」。今も「何かを組み立てている感覚」で料理しているという。

京丹後市や福知山市のほか、岡山県や長野県の旅館や懐石料理店などを渡り歩き、腕を磨いた。上下関係や礼儀作法に厳しい和食料理人の世界にあって、次第にオーナーの目にとまるようになった。今の玄妙庵は8年目。2015年春、料理長を任された。

若い頃に各地で修業したからこそ、丹後ならではの食材や味付けがあり、いいものが作れると気付いた。玄妙庵は皇族も訪れた由緒ある旅館。テレビの取材も頻繁にあり、外国人客も多い。「ここで一生懸命やっていれば、世界中から人が集まってくる」。そう信じ、食材と向き合う。

海を望む宮津市田井の宮津ロイヤルホテルのチーフウエディングプランナー小池美由紀さん(26)は、ホテルで結婚式を挙げるカップルの相談を受け、式の演出を提案する。

上／厨房でタイをさばく料理長の岩城さん
(宮津市文珠・玄妙庵)
下／結婚式の演出についてカップルの相談に乗る
小池さん（同市田井・宮津ロイヤルホテル）

「その人たちが一番幸せな時に一緒にいさせてもらえる存在。自分もお一人お一人と向き合っていかないといけないと思います」。生き生きとした笑顔を見せる。

与謝野町岩滝出身で、幼い頃から大の服好き。「家族の要らなくなった服を切ったり縫ったりしていましたね」。福知山淑徳高では服作りに打ち込んだ。和裁も洋裁も勉強したが、特に好きだったのがドレスで、全国コンテストで入賞もした。

「衣装の中で一番特別」なのはウエディングドレス。3年の文化祭では、フリルや大きなリボンの付いたオリジナルの純白のドレスを着てファッションショーに出演した。

「実際にドレスを着て喜ぶ人の顔が見たい」と、進路はブライダル業界を選び、大阪市の専門学校で学んだ。宮津市のドレスショップで勤めた後、4年前にホテルに移った。

いくつもの結婚式に立ち会ったが、同じ式は一つもない。新郎新婦のなれそめや両親の人柄などによってさまざま。観光を兼ねて式に参列する親戚たちにとってもすてきな思い出になればと願う。

担当の仕事だけでなく、レストランなどのリノベーションにも関わったり、ホテルチェーンの女性活躍推進室のメンバーにも選ばれたりと、毎日が充実している。「田舎に職がないというのは、ただのイメージではないでしょうか。私は仕事が趣味。楽しい」と言い切る。（関野有里香）

試行錯誤のものづくり

（綾部市／舞鶴市）

アイデア　形になる喜び

左側のパソコン画面で設計図を作成し、右側の画面で発注する部品を一覧にしていく。綾部市の綾部工業団地にある日東精工の城山工場。四方常之さん（30）は「設計ではまだ新米で、引き出しも少ない。分からないときは先輩や上司に相談しながら構想を練っています」と話す。

ねじ生産の世界的シェアを誇る同社で、所属するのは自動ねじ締め機を作る産機事業部。入社6年目に入り、組立課を経て、設計を担当している。自動車関連部品が主な対象で、最近はよりオーダーメードの製品を任されるようになってきた。

試作してみると、ロボットの可動範囲が想定と異なったこともあるなど「失敗はたくさんあります」と苦笑するが、やりがいを感じている。

「自分のしてきた仕事で使われたものが世の中に出回り、身近にある。何を作っているのか伝わりにくい面もありますが、喜びがありますね」

ものづくりに強く関心を持ったのは、専門学校を経て入った兵庫県立但馬技術大学校（豊岡市）

時代。4年間学んだが、クラブ活動で自動車の部品を設計したり加工したりした経験が大きかった。

古里にある日東精工は人口約3万4千人の小都市に本社を置きながら、ビジネスをグローバルに展開。四方さんも国内各地はもとより、中国や米国に出張する機会にも恵まれた。「もっと違う文化を見たい気持ちもあります」と夢を抱く。

就職し、戻ることになった綾部には、気心の知れた幼なじみもいる。結婚し、長男も生まれた。「自分が慣れ親しんだところで生活できるのは落ち着きますし、うれしいですね」という。

かまぼこ製造会社の朝は早い。舞鶴市

設計用のパソコンに向かう四方さん（綾部市城山町・日東精工城山工場）

上安の漁港そばにある「嶋岩」で揚げかまぼこ（天ぷら）を担当する平瀬昭薫さん（31）は、午前6時に出社。魚のすり身にゴボウを乗せ、30分足らずで800本のごぼう天を仕上げた。

発注の多い冬季は、ごぼう天だけで1日に2千本以上揚げることも。種類はしょうが天、ひら天、たまねぎ天…。季節限定ものと豊富だ。「かまぼこを食べるなら、舞鶴のかまぼこがいいと言ってもらえるようにしたい」。

かまぼこの生産量は全国的に減少傾向にあるが、「舞鶴かまぼこ」は日本海で捕れた新鮮な魚を生かしたブランドで知られる。嶋岩は1907（明治40）年創業の老舗。平瀬さんは「20歳の子に、かまぼこの煮物を作ってと言っても難しい。新しい手軽な食べ方を提案したい」と意欲を見せる。

ちくわを挟んだパンを福知山市で食べたことにヒントを得て、揚げかまぼこもパンに合うのではと考えた。そのパン屋と新商品の開発に取り組んでいる。

これまで電力会社で働いたり、兄と起業したりし、前職はスーパー勤務などさまざまな職を経験した後、かまぼこと縁ができた。今は会社のホームページやパンフレットのデザインに意見を言わせてもらえ、新商品の開発にも挑戦できる環境が楽しい。「舞鶴の人はかまぼこに舌が肥えているから大変」と、うれしそうに試作を重ねている。（日下田貴政、加藤華江）

小売りの店頭

（綾部市／舞鶴市）

笑顔のために頑張れる

「新じゃがのジャーマンポテト」「たこのオイルパスタ」…。工夫を凝らした献立の調理法を書いたカードが並ぶ。4月中旬、綾部市の「バザールタウン綾部アスパ」のクッキングカウンター。北近畿を中心にスーパーなどを展開する「さとう」社員の坊幸穂さん（25）は、考案したレシピの試食を来店者に勧めていた。

旬の食材や流行を踏まえ、食塩量とエネルギーを計算する。自宅で試作して家族から助言をもらうことも。「お客様が『今夜はこれにする』と言ってレシピを持って帰ってくれるのがうれしい」

福知山市出身で、高校の家庭科の授業で食の大切さに気付いた。京都市内の大学で学び、2013年にさとうに入社。与謝野町と兵庫県西脇市の2店舗の総菜売り場を担当し、15年3月に福知山市の食品事業部に配属された。

管理栄養士の資格を生かし、毎月約20のアレンジレシピを提案する。同年6月の父の日に合わせて作った「鶏唐揚げのガーリックハニーソースがけ」は、舞鶴店で1日約600食の試食が出た。

ニンニクと蜂蜜を混ぜたソースを絡めて味を濃くし、おつまみ風に仕上げた。「レシピが評価されたみたいで自信になった。たくさんの家庭が作ってくれたと思う」とにっこり。

今後の目標は、６００食超え。「より多くのお客様の共感を得られる料理を開発したい。万願寺甘とうなど府北部ならではの食材を、レシピにうまく取り入れられたら」

舞鶴市の西舞鶴駅から歩いてすぐのマナイ商店街で長年店を構え、現在は国道27号線沿いにある種苗店の跡を継ぐのは荒川悠一郎さん（28）。夏野菜を植える今ごろは1年で最も忙しい時期で、苗がぎっしり詰まった箱が毎日50箱は届く。休

上／提案したアレンジレシピの試食を勧める坊さん＝右＝
（綾部市綾中町・バザールタウン綾部アスパ）
下／店頭の花や野菜の苗に水をやる荒川さん（舞鶴市円満寺）

みなしで店を開ける。

子どもの頃は「荒川種苗さんのとこの子やね」と言われると、気恥ずかしかった。滋賀県の園芸専門学校で学び、京都市内の老舗種苗問屋で5年間修業した。全国の小売店からの注文を受け、各メーカーの園芸商品を扱うことで、品種やメーカーの特徴を知った。あいさつや感謝の気持ちといった「人としての心構え」も学んだ。

接客では、以前販売した苗の様子を聞き、一言アドバイスを添える。「品質の良さが自分の店の存在意義」と専門店の自負がある。大型量販店の分かりやすい説明書きや見やすいレイアウトなども参考にする。

よく育ったと、客に言われるのが何よりうれしい。「ここじゃないとあかんのや」と言う常連さんがいる。見送る際の「ありがとうございました」には気持ちを込める。

一方、地方の商店街を取り巻く環境は厳しい。舞鶴西地区4商店街の店主らが集まり、イベントの企画や将来について話し合う会合にも顔を出す。空き店舗対策も「どうしたらいいか、正直分からない」。イベントをするにしても、みんな自分の店で手いっぱいで容易ではない。

それでもじっとはしていられない。有志が協力して4商店街の情報発信をするホームページを運営し、青年部の立ち上げを模索する。「大変だけど、せっかくやるなら勉強もしたいし、西舞鶴の中心部の寂しい状況を変えたい」と動きだしている。（北川裕猛、加藤華江）

「伊根に残る味」

ふるさとNEXTコラム 01

国内外から多くの観光客が訪れる京都府伊根町。「舟屋」の景観が他に類を見ない大きな特徴となっている。しかし地域に入ってみて、観光地としてだけではない伊根の魅力に気付かされた。食文化の豊かさだ。

以前訪れた町内のあるお宅で、地元の魚料理をいただく機会があった。刺身に煮付け、焼き魚…。「たいしたものじゃないよ」と謙遜されたが、あまりのおいしさに驚嘆した。

料理の腕はもちろんだが、朝に水揚げされたばかりの魚を漁港で購入し、すぐに料理したものを新鮮なうちに食したからだ。食材と暮らしの近さを知った。

町内には漁業にまつわる風習も多い。伊根湾に面する各地区では海の恵みに感謝する浜祭りが行われる。かつて盛んに行われていた捕鯨の名残で、漁業関係者は今なおクジラの供養を行う。日ごろの食材として身近でありながら、魚介類に畏敬の念を抱く住民たちの姿を目の当たりにした。

ひるがえって、ファストフードがもてはやされ、スーパーでパック詰めの肉や魚、総菜などを買う機会が多い都市部の生活。昔と違って便利になり、手軽に食べ物にありつけるようにはなった。これまで何の疑問もなく当たり前のように生活していたが、思えば口にする食材のルーツを知る機会はほとんどなく、調理法も簡素化、画一化されている。

郷土色豊かな料理も店舗でのみ食べられる特別なものとなり、一般家庭の食卓からどんどん離れてしまってはいないか。

便利さと引き換えに見失われたものが、伊根にはまだ残っている。それもこの地域の大きな魅力だと感じる。

（三皷慎太郎）

第3章

移住、そして

山田　歩さん（30）（宮津市上世屋）

和紙作りで地域に根差す

標高約350メートル。冬には2メートルを超える雪に囲まれる古民家で、和紙職人の山田歩さん（30）は和紙原料のコウゾの外皮を包丁でむき取っていた。12月上旬の宮津市上世屋。かじかむ手を、湯で温める。傍らで、1歳の長女が興味深そうに作業を見つめる。

「和紙は日本人と自然をつなぐ文化です」。里山の原風景が残るこの地に和紙工房を構え、オリジナル商品を手掛ける。

2011年に大津市から移り住んだ時、まだ和紙作りとは巡り会っていなかった。幼少期から絵を描くのが好きだった。成安造形大を休学して船で世界各地を訪れる「ピースボート」に参加した。多くの国の現実を目の当たりにした。生き方を考える転機になった。

「普段気付いていない、足元にある日本の良さを残したい」。視線は自然と里山に向いた。里山保全のNPOの紹介で、お年寄りから昔の風景や思い出を聞き取って一枚の絵にする「心象絵図」づくりに関わり、上世屋との縁が生まれた。

「優しさやたくましさ、柔らかさ、謙虚さを併せ持ったおばあちゃんたちに、ほれまして」ちょうど就職をどうするかで悩んでいた頃。「ああいう人になりたい」と、地域活性化に取り組む府の「里の仕掛人」に応募し、上世屋に飛び込んだ。

上世屋を含む世屋5地区の空き家改修から田んぼの手伝いまで、何でもやった。「最初は『冬も越せへんやろ』と言われていたようで。認められたい、村に置いてもらいたいと負けん気で頑張りました」

ある時、隣の畑地区で、農閑期の副業としてかつて紙すきが盛んだったことを知った。紙が暮らしの中に溶け込んで作られていたことが衝撃的だった。里

上／コウゾの繊維をとるため包丁で皮を剝がしていく山田さん。里山の暮らしと結び付く営みに価値を見いだしている（宮津市上世屋）
下／上世屋の生活にもすっかりなじんだ。長女を連れて散歩し、地域のお年寄りに暮らしの知恵を教わる（同市上世屋）

山の生活と結び付いた和紙作り。「一生を掛けてやりたい」仕事だと思えた。

知人の和紙デザイナーから紙すきの技術を教わった。数年前には府無形文化財に指定されている福知山市大江町の「丹後二俣紙」（丹後和紙）の職人からコウゾの苗をもらい、自宅近くで栽培。「地元のコウゾを使った和紙を本格的に作りたい」と意気込む。

2015年夏、高齢化が進む集落に、久しぶりに元気な赤ちゃんの泣き声が響いた。

京都市内の男性と14年に結婚。長女が生まれ、生活が一変した。育児で、創作活動に打ち込む夜間に時間が取れなくなった。「でも、皆が孫のようにかわいがってくれ、村の会議でも子どもがいると明るくなります」と喜ぶ。育児に煮詰まった時はお年寄りに話を聞いてもらう。

結婚祝いとして住民から草刈り機をもらった。「ここに根付いて頑張れよ、との思いが込められた贈り物なので。『ずっとここにいていいんだな、認めてもらえたんだな』と思えた瞬間。とてもうれしかった」

地域には住民同士が助け合う「合力《こうりょく》」が伝わる。厳しい自然環境の中、屋根の吹き替えや家を建てる時は住民が協力し合う。

「よそから来た自分たちは村の人たちにたくさんの恩をいただいた。今度は自分が、新しく住む人や若い人に恩を送りたい」（三皷慎太郎）

宮田　毅さん（51）・裕美さん（38）夫妻

（福知山市大内）

新しい農業の形探して

「無農薬では作物は育ちません」

新天地での夢に冷や水を浴びせる言葉が、就農相談先で待っていた。獣害も想像以上。シカやアライグマがネットを越えて畑を食い荒らした。でも、福知山市大内の農業宮田毅さん（51）、裕美さん（38）夫妻はめげなかった。

今、2人が運営する「ミヤサイ」のホームページには、畑のある暮らしが写真とともに日々つづられている。「キャベツまだかな、がんばれ」「ニワトリが草取りしてピーマンができた」「虫にやられ、消滅したわさび菜。今度はきれい」。無農薬、無化学肥料で野菜を育てる喜びと苦労が浮かび上がる。

農協出荷に頼らず、旬の野菜を詰め込んだ野菜セットを月20軒の顧客に届けて生計を立てる。今の季節はニンジンやカブ、ブロッコリーなど約20種類を少しずつ育てる。

自宅の古民家前の畑で野菜についた虫を一つ一つ取り除く。トマトの近くにマリーゴールドを

自宅の畑でダイコンの間引きをする宮田夫妻（福知山市大内）

植えてと、害虫を防ぐ工夫も凝らす。夏は伸びる雑草との闘い。日の出から日の入りまで働く。「田舎にきてゆっくりする時間はない」。毅さんは苦笑いする。

夫妻が兵庫県芦屋市から移住したのは、2012年末。大阪市出身の毅さんはシステムエンジニアを長年務めた。ビルの中でのストレスの多い仕事を離れ、田舎暮らしをしたいと考えていた。仙台市出身の裕美さんは元フェリーの乗務員。就農や田舎暮らしは初めてだった。

福知山の今の自宅近くで行われた農業体験に参加したことが移住のきっかけだった。裕美さんが無農薬野菜の味に感動して農家を訪ねた経験があり、有機栽培を目指した。

順風満帆にはいかなかった。獣害にも悩まされ、２年間はほとんど収穫ができなかった。地元の直売所に出荷しても、無農薬でない周囲の野菜との価格競争に勝てない。農業をあきらめかけた。

それでも毅さんの実家のある大阪市などで出店販売を続けた。徐々に個人宅配の販路も広がった。包丁で切ると星形になるズッキーニやお茶になるレモングラスも好評だ。「いつも同じものではなく、珍しい野菜も入れたい」と裕美さん。消費者の喜ぶ顔を思い描く。

この地に来て、農業の後継者不足や耕作放棄地の増加といった農業の深刻な現状が分かった。毅さんは「それでも自分で作った作物を食べられる喜びは大きい。季節も感じられる」と満足する。

綾部市の有機栽培の農家が行う共同宅配に参加。昨年初めて栽培したパクチーは、うどん店などに引き合いがあった。福知山市の商店街でのマーケット運営にも関わり出店もこなす。黒大豆味噌《みそ》やしょうがシロップなど、加工品の数も増えた。

新しい農業の軌道が見えてきた。

「古民家を直して、栽培した野菜を出すカフェを開きたい」。毅さんの夢だ。裕美さんは「ここで、都会の人が自分たちの野菜に触れられるワークショップをしたい。私たちのような農家がもっと身近になれば」と前を向く。（秋田久氏）

山本未佳さん（29）（舞鶴市加佐地区）

ＩＴ生かし　農村元気に

由良川が悠々と流れ、作物が豊かに実る舞鶴市加佐地区。人口は市全体の5％にも満たないが、面積は約3分の1を占める。この広大な農村地帯を、地域おこし協力隊員の山本未佳さん（29）が忙しく走り回る。

山本さんの「武器」はＩＴ技術。舞鶴茶などの特産品をインターネット上でアピールし、万願寺まつりなどの地域のイベントにも足を運んで紹介する。市と協力して移住者向けに空き家や就農支援の情報発信も行う。

舞鶴に来て、まだ1年半足らず。それでも地域からボランティア募集のポスター作成などの依頼が舞い込む。地元の農業布施直樹さん（43）は「農作物を作ることが得意な人は多いが、情報発信にたけた人材は地域におらず、いつもひっぱりだこ」と話す。

忙しい毎日。舞鶴の西地区を中心にまちづくりに取り組むグループ「ＫＯＫＩＮ」のメンバーでもある。

出身地の兵庫県明石市にある工業系専門学校を卒業し、長岡京市の設計事務所に入社した。京都市や長岡京市で暮らす騒がしい生活。疲れを感じていた。そんなとき、地域おこし協力隊員の募集ポスターが目にとまった。

過疎や高齢化が進む地域に移住し、活性化に取り組む仕事に魅力を感じた。特に、舞鶴市は情報技術を応募の条件に入れていた。自分の特技が生かせると感じた。

2015年8月、隊員として加佐地区内の同市東神崎に移り住んだ。「地域住民はおおらかで開放的。温かく受け入れてくれた」

同市西方寺の「大庄屋上野家」の中に設置された市加佐地域農業農村活性化センターを拠点に、60代の職員3人と業務を行う。

パソコンを使い業務をこなす山本さん（舞鶴市西方寺・大庄屋上野家）

センターのホームページやSNSを開設し、地域情報を更新し続ける。地元農家と協力した採れたての卵の試食会や、ブルーベリーを使った染め物体験など、地域の特性を生かしたイベントも企画する。

机を並べる半林幸子さん（64）は「若いので私たちにはない新しい発想がある。企画したイベントは今のニーズに合っているのか、若い人も来てくれる」とほほ笑む。

地域密着。だからこそ課題も見えてくる。

農作物の需要は高いが、高齢化などで作り手は減少する一方。イノシシやシカなどの獣害も深刻だ。15年は特に被害が著しく、市によると、加佐地区だけでも被害額が2千万円を超えた。「収穫間際に荒らされた人もいると聞いた」と心を痛める。

15年度、協力隊員は府内で28人が活動した。一つの自治体に複数の隊員がいる場合も少なくないが、舞鶴市は山本さんのみ。IT関連以外にも、さまざまな仕事をこなす。

隊員の任期は最長で18年8月まで。「職があれば舞鶴に残ることも考えている」。先のことは分からない。今すべきことに全力で取り組む。

「地域の人に楽しい生活を送ってもらいたい。一人でできる範囲は狭いかもしれないが、盛り上がりを地道に支えたい」。今日も事務所のノートパソコンを閉じ、地域を東奔西走する。

（高山浩輔）

今村大志さん（28）　（伊根町亀島）

漁師「武器」に宿開業目指す

真冬の冷たい風が海から吹き付ける伊根町の伊根漁港。午前8時ごろ、サワラやカマス、アジなど旬の魚を引き揚げた定置網船が港に帰ってくると、普段は静かな港がにわかに活気づく。

昨春から地元の水産会社「伊根浦漁業」で働く今村大志さん（28）も魚の選別に大忙しだ。「海の様子は毎日違って面白いし、漁師は格好良くて魅力のある仕事。最高に楽しい」と目を輝かせる。

海のない奈良県で生まれ育った。海と言えば、太平洋側の和歌山だった。「最初は漁師になるという選択肢は全くありませんでした」と振り返る。

幼い頃から川遊びや山登りなどアウトドアが好きだった。「自然豊かな場所で子どもたちと勉強したり遊んだりしたい」と教職を志した。

2012年春、海のすぐそばにある京丹後市の間人小に講師として赴任した。丹後は初めての地。「自分が思うイメージにぴったりだった」。3校目の加悦小（与謝野町）ではクラス担任も任された。

子どもたちとふれあう一方で、以前から温めていた夢があった。「いつかは自然体験ができる宿をやりたい」。その夢を実現させるため、3年目の夏、退職を決意した。

そんな時、漁業の担い手を育成する府の「海の民学舎」1期生募集の新聞記事を目にした。「漁師になれば海や魚に詳しくなり、宿にも生きる。『完全にこれや』と思いました」。道が開けたように感じた。

宮津市の府海洋センターで1年間、漁業者としての基本的な知識や技術を習得した。16年4月に伊根町亀島に移住し、新人として伊根浦漁業で研修している。

定置網船に乗り込んで網上げも行う。網の修繕など不得手なこと

上／新人漁師として水揚げされた魚をてきぱきと選別する今村さん（伊根町平）
下／自宅で地元区長の永濱克良さん＝右＝と談笑する今村さん。移住してもうすぐ1年。地域の人々とのつながりも深まってきた（伊根町亀島）

も多い。「まだほとんど何もできないので、人の何倍も動いて早く仕事を覚えたい」。倉幹夫社長（62）は「素直で真面目。教員経験を生かし、リーダーとして若い後輩たちを引っ張る存在になってほしい」と期待する。

伊根に魅力を感じている。「1年を通して漁業ができ、漁村の雰囲気もいい。ここなら自分の目指す宿ができる」と話す。丹後で築いた人間関係を生かし、海に近い舟屋や蔵のある古民家を購入することもできた。

ただ、目の前の漁業の仕事と、宿を開く準備の二足のわらじをはきこなすのは容易ではない。「どちらも中途半端にはしたくない。宿を開くには職場や地域の理解も必要」と考える。「地域にしっかり根を張り、仕事も頑張って認めてもらい、周りから応援してもらえるようになりたい」

同年夏、高校の同級生で元美容師の彩加さん（28）と結婚した。翌年春には第1子が生まれた。新天地での慣れない生活に、彩加さんは最初、不安を口にしていた。だから、「『地元の人の髪を切ってあげたい』と言ってくれた時はうれしかった」と喜ぶ。

「漁師は自分にとっての武器」と表現する。「今はその武器を研いでる感じです。漁師で技術をつけることが、きっと宿の成功にもつながると思う」。日々の生活と地続きに、思い描く夢がある。

（三皷慎太郎）

田茂井ナセルさん（41）（京丹後市網野町）

異国になじみ　母国文化で絆

「子どもの成長の中で最も難しい時期を迎え、悩むこともあるかと思う。気軽におしゃべりし、体を動かしましょう」。田茂井ナセルさん（41）＝京丹後市網野町浅茂川＝が呼び掛けた。ボールを追う大人たちの歓声が体育館に響いた。

２０１６年12月4日、同市の網野中。大きなゴムボールを使うニュースポーツ「きばれぇ」を楽しむ集いが開かれた。企画したのは、ナセルさんが副会長を務める同中ＰＴＡ。中学校進学に対する不安を軽減してもらおうと、網野北、網野南、島津、橘各小の保護者も招いた。

自身も、市内の工場で働きながら3人の子どもと向き合う。きばれぇの前には「親のための応援塾」も開き、保護者たちが子育てについて語り合った。

ナセルさんはフィリピン出身。見合いで夫の信義さん（66）と出会った。「会った瞬間、優しい感じにひかれた。運命」と思い、国際結婚を決意。同国ケソン市の議員秘書の仕事をなげうって来日した。

「海外に出たい」。念願がかない移り住んだ異国の地。「日本語が分からず、すごく不安だった」。それでも持ち前の積極性で多くの外国人が悩む言葉の壁に挑んだ。市国際交流協会の教室に通い、子ども向けアニメ番組を見て日本語になじんだ。職場では休憩時間に漢字の読み方を聞いて回った。地域行事などで熱心にコミュニケーションをとった。

そんな努力を、信義さんの姉の澤昌子さん（72）家族と妹の大坪智恵美さん（63）家族ら周囲が支えた。調味料の容器などに「SHIO（塩）」「NABE（鍋）」と紙を貼って日本語を教え、和食も伝授。半年で日本語を通じて意思疎通ができるようになった。

網野町で暮らすようになって19年。近くの岡田喜三郎さん（83）は「物を拾うのを手伝ったり、ごみ当番を代わったりと高齢者を大事にしてくれる。義理人情に厚く、日本人が忘れつつあるものを持っていると感じる」。

右／「親のための応援塾」で保護者たちと子育てについて語り合う田茂井ナセルさん（京丹後市網野町・網野中）
左／近所の岡田さん＝右＝を招いてフィリピン料理を楽しむ田茂井さん家族（同市網野町）

人柄を見込まれ、長女が通う網野中のＰＴＡ役員に推された。会長の野木秀康さん（43）は「ナセルさんはムードメーカー。ＰＴＡの雰囲気が楽しくなる」と信頼を寄せる。

地域とのつながりを深めながら、故郷の文化も大切にする。週1回はフィリピンの代表料理「シニガン」をはじめ、肉料理「アドボ」、野菜炒め「チャプスイ」などが食卓を彩る。「最初は苦手だったけど、今では好物になった」と信義さん。近所住民らにも料理を振る舞い、高齢者大学では母国を紹介した。

京丹後市には約３８０人の外国人が生活する。全員が日本の文化や習慣になじめている訳ではない。家庭の事情で丹後を去ったり、偏見に苦しむ人もいる。そんな外国からの移住者にとってナセルさんは心強い存在だ。「子どもの同級生の親や地域の人が応援してくれ、支えてくれる。将来は調理師の資格を取り、フィリピン料理の教室を開きたい」。国籍の違いを乗り越える明るい笑顔で、夢を語った。（大西保彦）

草刈正年さん（36）
（綾部市志賀郷地区）

書家　子育てへIターン

大きな和紙を前に深呼吸。意識を集中する。綾部市西方町の書家草刈正年さん（36）は、掛け声とともに墨汁のついた筆を勢いよく走らせた。

2016年12月に公民館で開かれた、地元の志賀郷地区の住民団体の農林水産大臣賞を祝う祝賀会。頭に浮かんだ「絆」を、大きな文字で書くパフォーマンスを披露し、万雷の拍手を受けた。

味のある字を教える「個性筆文字協会」を主宰する草刈さんは、12年に千葉県から移り住んだ。移住までには紆余《うよ》曲折があった。同県で育った草刈さんは大学卒業後、システムエンジニアとして東京で働いた。納期に追われる日々。残業は月140時間以上。入社2年目の冬、2日間徹夜した朝に、職場で急に呼吸が苦しくなって倒れた。「パニック症」と診断された。

「人生を変えたい」。27歳の時に「世界一周」の旅に出た。半年かけてアジア、ヨーロッパ、米国を巡った。インドで、音楽や手品をして世界を回る日本人に出会った。「自由な生き方の見本も見せてもらった」

帰国後、路上で言葉を贈る詩人の教室に参加した。いきなり新宿駅前に連れていかれた。通行人に応援の言葉をしたためると、喜ばれた。「一度きりの人生　あきらめるな」「答えは自分の中にある」。関東地方の駅前で、相手の目を見て思いついた言葉を1万人以上に書き続けた。

転機は11年の東日本大震災。千葉にいたが、妻の愛さん（35）が妊娠中で、福島第1原発事故による放射能への心配から西日本に避難した。書の紙を買っていた綾部市の和紙職人から安否を気遣う連絡を受け、綾部を訪れた。

そこには都会のマンション暮らしとは違う生活があった。地元の人たちは自分で育てたコメや野菜を食べ、つくしも取ってきんぴら

上／志賀郷地区で開かれたクリスマスイベントを楽しむ草刈さん一家。子どもたちの声が地域に響く（綾部市志賀郷町・竹松うどん店）
下／地域の祝賀行事で書をしたためた草刈さん＝右端＝（綾部市志賀郷町・志賀郷公民館多目的ホール）

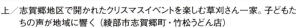

にしてくれた。子どもにあいさつをすると「誰？」と返された。「子どもと大人がみんな知り合い。子育てにはいいな」と感心した。

移住を支援する同市の住民団体「コ宝ネット」が実施した空き家見学ツアーに参加し、家を決めた。

10年間で草刈さんら約30世帯が志賀郷地区に移住した。地元の志賀小も複式学級にならず、全校児童54人のうち、U・Iターンの世帯が約半数を占める。

「若者が住まないと地域は元気にならない」。コ宝ネット代表の米農家井上吉夫さん（65）＝志賀郷町＝は、10年前に活動を始めた理由を話す。田舎で子育てしたい、食べ物に不安がある――。「移住者の動機も職業もさまざまです」

今、子どもたちの声が地域に響いている。

草刈さんは5歳と3歳、昨年生まれた4カ月の女の子3人に囲まれている。コメも育てる。小屋を建てて家の修繕技術を学ぶ講座を企画すると、綾部が気に入って移住する参加者も出た。

今は近隣市のさまざまな職種の人が仕事場を共有する「コワーキングスペース」を構想中だ。「パソコンで仕事ができる時代。都会の人が来て田舎の宝物を見つけて帰る仕組みにしても面白い」。地域に新風を吹き込む。（秋田久氏）

山内耕祐さん（29）・高島麻奈美さん（29）（福知山市夜久野町）

漆に魅せられ職人、作家に

府内唯一の漆産地の福知山市夜久野町で、実に26年ぶりに漆かき職人が誕生した。同町千原の山内耕祐さん（29）は２０１６年12月中旬、漆の植栽地で若木を眺めた。生育して漆をかく「鎌入れ」ができるのは10年後。夜久野の未来に思いをはせた。

夜久野産の丹波漆の採取期間は６～９月。この間、職人歴30年以上の岡本嘉明さん（71）と、地域おこし協力隊員との３人で漆をかく。秋から翌春にかけては漆の苗木の植栽に励む。

岡本さんの後継者として13年に移住したころ、漆の木は約５００本だったが、今は約８００本まで増えた。

文化庁は2年前、国宝や重要文化財の建造物の保存修理には原則として国産漆を使うよう決めた。増産に追い風が吹く。「丹波漆を安定生産するためには千本の木の管理が目標。ゆくゆくは京都の文化財修復や京漆器の制作現場を賄える量を採りたい」

京都市立銅駝美術工芸高から富山大のデザイン工芸コースに進んだ。漆芸一筋の生活。だが、大学3年の就職活動を前に、将来を思い描けなくなった。「漆にこだわってきた理由は何だったのだろう」。自問自答する日々の中で、丹波漆について知った。

岡本さんに頼み、漆の採取期間中、城陽市の実家から夜久野に通って漆かきの技術を学んだ。一滴一滴、大切に採る岡本さん。これまで目を向けてこなかった採取の現場にくぎ付けになった。

漆かきのシーズンオフには、自宅2階の工房で漆器作りも手掛ける。2年前、高速バスの外装の一部に漆塗りを施した。独特の光沢を放つバスは府北部と東京間を結ぶ。「多くの人に丹波漆を知ってもらうきっかけになった」と喜ぶ。

上／地域おこし協力隊員の吉川枝里香さん＝左＝と漆の植栽地を見回る漆かき職人の山内さん（福知山市夜久野町小倉）
下／漆塗り体験の受講者に、貝殻の貼り方を指導する漆芸作家の髙島さん（同町平野・やくの木と漆の館）

山内さんが活動拠点にする「やくの木と漆の館」（同町平野）には、漆に魅了された若い作家たちが集まる。

「漆を塗った後にきれいな艶を出すためには、下地から丁寧に作ることが大切」。漆芸作家の髙島麻奈美さん（29）＝同町直見＝は16年12月下旬、漆塗り体験の受講者に貝殻を用いた螺鈿《らでん》を施すコツを教えていた。

館で展示販売する漆器作りも手掛ける。「漆を器に塗っても、乾かしたら色合いが変わる。思った通りに完成しないのが漆芸の奥深さ」と笑顔を浮かべる。

富山県上市町の実家で使っていた漆のわんの艶《あで》やかな光沢に引かれた。京都市立芸術大や同市産業技術研究所で漆器制作を学び、15年に移り住んだ。

年間で採れる丹波漆の量は3～5キロと、今はまだ少ない。髙島さんが制作で使えるのは年5回ほどだが、伸びが良く透明なため漆芸に向くと確信している。「まだまだ修行中。いつか丹波漆のオリジナル作品で個展を開きたい」。器に向かうまなざしは真剣だ。

山内さんと髙島さんは、漆に関わる若い世代の使命感を感じている。「採取から塗りまで、漆にまつわる全ての作業が夜久野町ではひとつなぎで行われている。若い感性で夜久野の漆文化を発信し、盛り上げたい」。移住者たちの挑戦は続く。（北川裕猛）

松本健史さん（44）・泰子さん（39）夫妻

（与謝野町明石）

介護現場の経験　地域資源に

「介護をはじめ移住や空き家の相談もできるようにしたい」「インターネット環境を整えて、田舎に住んでいても世界とつながれる場所に」。与謝野町明石の松本健史さん（44）と泰子さん（39）夫妻は、自宅近くで改修中の空き家を見つめ、将来への思いを膨らませる。

ともに理学療法士。健史さんは同町加悦のデイサービス施設「生活リハビリ道場」に勤める。食事や入浴、排せつなどで高齢者本人の機能を生かす動作を助言して生活を支援する。全国各地で生活リハビリの講演をしたり、地元小学校の福祉体験学習で講師を務めたりしている。

泰子さんは同町四辻のいわさく診療所で訪問リハビリを担当する。老いや障害があっても安心な地域を実現したいと、車いすの人らが旅を楽しむ「ユニバーサルデザイン観光」にも取り組む。

北九州市の専門学校で知り合い、結婚した。泰子さんの故郷・熊本の病院に勤務していたが、大阪出身の健史さんの母親が病気となったことから、関西に来ることに。

「地域や在宅で仕事をしたい」（健史さん）、「暮らすなら自然豊かで水のきれいな所」（泰子さん）

という気持ちで移住先を探していた折、与謝野町のＮＰＯ法人「丹後福祉応援団」の活動を知った。移動福祉理美容車の運行や商業施設でのデイサービスセンター開設。「面白いことをしている」。ユニークな取り組みにひかれた。２００４年、同法人の生活リハビリ道場設立に合わせて移り住んだ。

「地域に溶け込めるだろうか、やっていけるだろうか」。健史さんは雪かきの大変さを初めて知った。地域の一員になるため、祭りや草刈りなどの行事に積極的に加わり、娘が通う保育園のＰＴＡ会長も務めた。

一方、泰子さんは丹後地域の魅力発信イベント「ｍｉｘひとびとｔａｎｇｏ（ミクタン）」に参加。土日・祝日に休むことができる職場に移り、娘2人の子育てと仕事の両立にも努めた。

移住して13年。与謝野町も少子高齢化の波にさらされる中、地域で築いてきた顔と名前が分かる信頼関係が、夫妻を力強く支える。

地域住民に借り受けた空き家を改修し、福祉の拠点や住民の思いをかなえる場にしたいと意気込む松本健史さんと泰子さん（与謝野町明石）

「介護現場で培った知識や経験を施設のみで完結させず、地域資源にしたい」。夫妻の希望を聞き、住民が「明石のためになるなら」と空き家を貸してくれた。可能な限り自分たちで改修する空き家は、築90年の趣を残しながら今春に「明石のイエ（仮称）」として生まれ変わる。高齢者らが集う地域福祉の拠点にするとともに、カフェやショップの開店など、住民が「やりたいことをかなえる場」にもしていく予定だ。

「こういうコミュニティーにしたら地域が元気になるということを発信したい。空き家対策の一つとしても示せれば」と泰子さん。健史さんも「地域に恩返しをし、介護の専門職が横につながれるようにもしたい」と意気込む。思いや希望、夢。結実に向けて大きく踏み出す年が幕を開けた。（大西保彦）

浦岡雄介さん（35）（舞鶴市）

「用務員」ライブや講座企画

月曜は奥様方、火曜は子どもたちに絵画や造形を教える。水曜は高齢者のサロンを開き、木曜はバーテンダー、金曜は引きこもりの相談員、土日はイベントなどを企画。

舞鶴市引土の文化交流施設「いさざ会館」に住む浦岡雄介さん（35）の肩書は非常に豊富だ。毎日、顔を変えるのは「舞鶴には面白いものがいっぱいあることを広めたい」から。

神戸市生まれ。転勤族で、高校は福島県で卒業。子どもたちと美術を通して関わっていきたいと、美術科教育専攻で京都教育大に入学した。

中学校の講師として2007年に京都市から舞鶴に移った。初めの3年間は数学を教え、10年から希望していた特別支援学級を受け持った。ここで、生徒たちの卒業後の生活に興味を持った。「学校は卒業させるのが仕事。でも、生徒の卒業後の暮らしはどうなるのか」。障害のある子どもたちへの理解を、地域で深めたい。そんな思いが強まった。

15年3月に辞職し、翌月には「いさざ会館」の取り組みをスタートさせた。元は商店街が所有する空き家だった建物を借りて住み込んだ。「用務員」としてライブや作品展、発達障害を学ぶ講座を開いたり、イベント企画などを行う。

神社の例大祭の太鼓の練習や町内会旅行、地蔵盆にも参加する。「本気で取り組んだらすごく楽しい」。地域の文化の面白さに気がついた。

もっとも、講師時代は忙しさもあり地域のコミュニティーに加わっていなかった。回覧板は飛ばしてもらい、ゴミ出しの立ち番もしなかった。

そうした経験から「大人が地域への興味を失っているのでは」と感じる。だから、大人対象のイベントをたくさん開く。楽しむ大人の姿を子どもに見せること

イベントで活動する浦岡さん（舞鶴市河原・岡田中基幹集落センター）

で、子どもが舞鶴を楽しいと思うようになると考えるからだ。「地域の人たちが特技や趣味を生かして講師になり、学び合う場を作れないか」。その思いを具体化させた「まいづるご近所大学」を、開設した。「人とのつながりで持続していく場。横のつながりを作っていきたい」と前を向く。

16年12月中旬にはプレイベントとして流木で作品を作る教室と世界の珍スポットを紹介する講座を開いた。流木アートを教えた同市上安の上林比東三さん（64）は「以前は自分で作って楽しむだけだった。ここで作品展や教室をしてアーティストや多くの人と新たに出会えた」と喜ぶ。

いさざ会館の和室に、人が続々と集まる。肩がぶつかり合う距離。初対面でも帰るころには会話が弾んでいる。「ここで出会った人たちの中から新しい取り組みや、『ちょっとおせっかいな大人』が作るいさざ会館のような場が生まれるのが理想。じんわり広がっていったら」（加藤華江）

第4章

戦後71年

1950年 全国初の世界連邦都市宣言 （綾部市）

永久平和へ願い託す

終戦記念日の8月15日。綾部市であった「市民平和祈願の集い」。参加者は「世界連邦都市宣言」を唱和した。

「日本国憲法を貫く平和精神に基《もとづ》いて世界連邦建設の主旨《しゅし》を賛し、全地球の人々と共に永久平和確立に邁《まい》進する」

綾部市は、終戦から5年後の1950（昭和25）年10月、日本の自治体で初めて世界連邦都市宣言をした。「戦争で大黒柱や息子を亡くした人が大勢いて、原爆による広島や長崎の惨状があった。戦争はもう嫌だと、みんな思った」。綾部世界連邦運動協会長の鹿子木《かなこぎ》旦夫さん（68）が思いめぐらす。

世界連邦運動に賛同した宗教「大本」の活動や、キリスト教精神を社是としたグンゼの存在などの土壌もあった。市は宣言「第1号」を誇りに小中学生のポスター作文コンクールなどの取り組みを続け、2003年にはイスラエルとパレスチナの子どもを招くプロジェクトも始めた。15

≪世界連邦≫
各国の独立を保ちながら、地球規模の課題を扱う民主的な国際機構を指す。第2次世界大戦と原爆使用の反省から1946年10月、世界連邦運動の前身組織が発足。47年8月にスイス・モントルーで世界連邦の理念について宣言、実現を目指す運動が始まった。アインシュタインや湯川秀樹といった科学者も賛同した。

年10月には、世界連邦日本大会が同市で開催され、記念講演した思想家の中沢新一さんは市と市民の姿勢を「常識外れ」と称賛した。

宣言自治体の全国協議会加盟数はピークの4分の1になったが、世界連邦運動は健在だ。16年5月、参議院で「更《さら》なる国際平和の構築への貢献を誓約する決議」が成立、「世界連邦実現への道の探究に努め」との文言が入った。05年の衆議院決議に続き、粘り強い働きかけが結実した。

鹿子木さんは「世界連邦は理想論だと批判もあったが、武力で問題は解決しない。先人が宣言に込めた思いにもう一度肉薄したい」と力を込める。

かつて綾部市が世界連邦都市を宣言するにあたって示した提案理由は「日本国憲法第9条により日本国民の正義と秩序を」と始まる。ここに来て、戦争を永久放棄し、戦力を保持せず、交戦権を認めないとする9条を改正すべきとの声が大きくなっている。だが、市民が9条に託した願いは簡単に打ち捨てられるものではないはずだ。（日下田貴政）

上／世界連邦都市宣言を議決する綾部市議会
（1950年10月、綾部市提供）
下／世界連邦都市宣言を唱和した市民平和祈願の集い
（2016年8月15日、綾部市上野町・藤山山頂）

1972年 長田野工業団地操業開始（福知山市）

列島改造論に先駆け

大阪での万国博覧会の余韻もさめやらぬ1972年、「列島改造ブーム」を巻き起こした故田中角栄氏の本「日本列島改造論」に、工業の内陸への再配置モデルとして、長田野工業団地の写真があった。

事業主体は京都府。知事は革新系の故蜷川虎三氏。計画を担当した元府職員奥村一さん（87）＝京都市＝は「蜷川さんは京都の南北格差を解消したいとの思いだった。角栄さんが褒めてくれるくらい画期的だった」。

日本の高度経済成長を支えた工業は太平洋ベルト地帯に集中、都市の過密と地方の過疎が進み、深刻な公害問題も引き起こした。

長田野工業団地は64年策定の京都府総合開発計画に盛り込まれ、無公害を目指した。「改造論」の72年に立地企業が操業開始。企業は市と公害防止協定を結び、下水の河川放流を禁止。公園をふんだんに取り入れた「インダストリアルパーク」が売りで、住宅団地もつくり、従来の沿岸部

≪日本列島改造論≫
新潟県出身で当時、通商産業相だった故田中角栄氏が自民党総裁選を前に1972年6月発表し出版。田中氏は翌月、首相に就任し、工業再配置、新幹線や高速道路網整備、本四連絡橋の建設などを進め、人と金と物を都市から地方へと逆流させて「過密と過疎の同時解消」を目指すが、地価や物価の上昇、オイルショックなどで施策は後退した。

に立ち並ぶ工場群のイメージを一新した。

用地約400ヘクタールは戦時中、陸軍の演習場。中学時代に訪れた村上政市さん（86）＝福知山市大江町＝は「水がなく、不毛の原野だった」。戦後は引き揚げ者や地元住民らに払い下げられ、市と府が約千人の所有者と用地交渉。由良川から水を引き、87年に舞鶴若狭道の福知山インターチェンジを誘致。ティッシュなどを製造する「日本製紙クレシア」の川口豊之京都工場長は「豊富な水が立地の決め手。京阪神に近く、人材も集めやすい」。

現在は化学工業や金属製品製造など41社が操業、福知山市の人口維持に貢献するが、「長田野が北部開発の中核地となって、日本海時代の本格的な夜明けをもたらす」（蜷川氏）とした未来は実現していない。

北陸新幹線の誘致など、インフラ整備による地方活性化への期待は「改造論」以降も変わらない。同じ処方箋で「日本海時代」は到来するだろうか。（秋田久氏）

上／1972年に京都府が発行したパンフレットに掲載された長田野工業団地の空撮写真。戦中は原野が広がっていた
下／内陸型工業団地の先駆けとなった長田野工業団地の工場内（福知山市長田野町・日本製紙クレシア京都工場）

1985年　加悦鉄道廃線（与謝野町）

産業育てた誇り今も

車体に「さようなら」の文字。2両の列車がゆっくりと動きだした。1985年4月、加悦駅での加悦鉄道のお別れ式。大勢の住民が廃業を惜しんだ。

国鉄の鉄道敷設計画から外された当地から地場の主要産業だった丹後ちりめんを京阪神に運ぶため、1926年に地元有志823人が共同出資して加悦鉄道が誕生した。

戦時中は大江山ニッケル鉱山の鉱石や外国人捕虜も運び、元加悦町長の細井拓一さん（84）は「片言の英語で話し掛けた英国人の捕虜は友好的だった」。国鉄宮津線へ乗り入れる丹後山田駅（現与謝野駅）も大いににぎわい、旅館「大正亭」を営んだ酒井博子さん（68）は「大きな風呂敷を抱えた行商の人たちがよく泊まった」と懐かしむ。

ちりめん産業を支えて沿線を発展、鉱山事業を育てながら鉄道も栄えたが、地場産業の衰退やトラック輸送への転換で経営は悪化、60年で歴史を閉じる。町長として最終列車に乗った細井さんは「線路脇から多くの人が手を振ってくれた。涙が止まらなかった」。

≪府北部の鉄道≫
1904年に福知山－舞鶴間が開通、24年に舞鶴－宮津間の宮津線が開通。加悦鉄道のほか福知山と大江を結ぶ北丹鉄道（23～74年）も運行した。国鉄分割民営化（87年）を経て、90年に宮津線、宮津と福知山を結ぶ宮福線が第三セクターの北近畿タンゴ鉄道（KTR）に。2015年から上下分離方式でウィラートレインズ（京都丹後鉄道）が鉄道運行事業を担う。

線路跡はサイクリングロードとして整備され、生徒の通学路になった。往時の機関車や客車はＮＰＯ法人「加悦鐵道保存会」が中心に保存に取り組み、加悦ＳＬ広場に並ぶ。

「伝統を受け継いできた加悦谷の大手織物業者（資産家）は公益（地域に対する貢献）と私益（織物業）とをバランス良く調和させることが織物業の発展に繋《つな》がるものと認識していた」との内容が加悦町史に記されている。「日本資本主義の父」の渋沢栄一が諭した「公益の精神」を加悦谷の人々が持っていたことがうかがえる。

保存会の吉田博一理事長（54）＝京都市伏見区＝は、「土地の風土や住民の気質が表れた誇れる鉄道。貴重な産業遺産を今後も地元と協力して守り続けたい」と話す。

鉄道敷設という大事業をやってのけた先人たち。学ぶべきことはたくさんある。

（三皷慎太郎）

上／1961年の丹後山田駅（現与謝野駅）の様子。国鉄への乗換駅として通勤や通学など多くの人が利用した

下／かつて加悦鉄道が走っていた場所はサイクリングロードに整備され、歴史を紹介する案内板なども設置されている（与謝野町加悦）

1971年 小原の養蚕組合が終わる　（舞鶴市）

中国繊維輸入で苦境

天女が養蚕を教える物語もある「羽衣伝説」にみられるように、古代より大陸と海でつながっていた府北部には、当時最先端だった養蚕技術がいち早く伝わり、養蚕や織物業はこの地を代表する産業になった。

舞鶴市でも戦前は養蚕が市内各所で盛んに行われていたが、戦時中に食料を確保するため多くの桑畑がサツマイモ畑に変わった。養蚕が続いた加佐地区でも、昭和30年代になって中国からの安価な繊維の輸入で苦境に陥った。

市内で蚕業が途絶えた年は不明だが、山あいに近く、蚕が食べる桑が地名になっている同市桑飼上の小原区の役員名簿では、1971（昭和46）年を最後に「養蚕組合長」の名が消える。

築150年から200年を超える家屋が立ち並ぶ同市桑飼下。別棟でカイコを飼う家もあったが、多くは家族と一緒に家の中でカイコを飼っていたという。部屋の床下に炉を作り、火持ちのよいクヌギのまきをくべて灰をかぶせ、部屋を暖めた。梁は長年煙にいぶされ、黒々としている。

「このあたりはみんなカイコを飼っていた」と桑垣ふみ子さん（77）＝同市桑飼下。外は寒くてもカイコは暖かい部屋の中。夜中、雨音に似た、カイコが桑の葉を食む音が聞こえた。カイコ棚の下で眠ることもあったという河合淳さん（81）＝同市桑飼上＝は「人間よりカイコ様の方が大事だった。狭いけど、暖かく眠れた。紫色の桑の実も、口を真っ黒にして食べるおやつでした」と懐かしむ。

カイコの繭は唯一の現金収入。夜明けとともに桑を摘みに出かけた。山の桑の木は背丈が高く、木に登ってかご一杯に葉を摘んで、肩に担ぎ棒を食い込ませながら家に戻ったという。

つらい養蚕の復活は難しいことだろうが、「昔このあたりではね」と話してもらう姿を見つめながら、カイコが育んでいた地域のつながりはなくなってほしくないと願った。

（加藤華江）

上／卵から孵化（ふか）したばかりの蚕の幼虫「稚蚕」を共同で育てていた「岡田上第二稚蚕飼育場」（舞鶴市桑飼下）
下／元養蚕農家の佐藤勇さん＝右＝の家には養蚕道具が残っている。紙を敷き、その上でカイコを育てた竹組の桑座（さんざ）と、折りたたみ式の給桑台（きゅうそうだい）を出してもらった（同市桑飼上）

1986年　福知山城の再建（福知山市）

シンボル、市民が城主

3層4階建ての望楼型の大天守閣が、夏の日差しにきらめく。福知山市中心部にそびえる福知山城。屋根に敷き詰められた瓦の裏には、再建に貢献した市民一人一人の名前が記されている。「古里への帰省時に天守閣が迎えてくれる。そんなまちのシンボルを作りたかった」。築城に大きな役割を果たした建設会社社長、故西田政吉の思いを、息子の豊さん（76）＝同市堀＝が語る。

福知山は古くから交通の要衝で、明智光秀が拠点とし、1948年に総理大臣を務めた芦田均を生んだ地だが、全国的な知名度は低く、観光客も素通りしがちだった。

福知山城は明智光秀が基礎を築いたとされているが、明治初期の廃城令で取り壊され、石垣と番所だけが残っていた。68年に長崎県島原市で「福知山城絵図」が見つかり、「城を観光の目玉に」と再建機運が高まった。

基本設計や土質調査が進んだが、石油危機で計画は中断。それでも市民の熱意は消えず、84年に西田政吉ら市内の商工業者や自治会長が「福知山城再建期成会」を結成。天守閣の瓦代として市民や事業所から1枚3千円の寄付を募る「瓦一枚運動」を始めた。
「寒い冬、かじかむ手で、寄付してくれた人の名前を瓦の裏に記していった」と書家の安達明司さん（82）＝同市中ノ＝は振り返る。総工費約8億円のうち5億円余が寄付金で賄われ、86年に城が再建。安達さんは「昭和の城の城主は、明智光秀や（江戸時代に藩主を務めた）朽木家でなく、市民一人一人」と話す。

市民の願いはかない、城は「まちのシンボル」になった。「お城ブーム」の追い風もあり、入館者数は2015年度4万762人で22年ぶりに4万人を突破した。新しい城主である市民がさらに知恵を出し合うことで、にぎわいはもっと広がっていくはずだ。（北川裕猛）

上／明治時代の廃城令で石垣と番所だけが残った城跡。跡地は広場になっていた
（1973年撮影、福知山市郷土資料館提供）
下／瓦一枚運動で集まった寄付金などで再建された現在の福知山城。まちのシンボルとして親しまれている
（福知山市内記）

1963年 三八豪雪

（京丹後市）

山間部 離村引き金に

雪は休みなく降り続いた。1963（昭和38）年1月から丹後など日本海側が記録的な降雪に見舞われた。「京丹後市の災害」（京丹後市教育委員会）によると丹後町乗原3・9メートル、弥栄町中山3・8メートル、大宮町延利2・1メートルの積雪、伊根町や宮津市の山間部でも3メートルを超え、後に「三八豪雪」と呼ばれる。

丹後半島は交通網が途絶、山間部の集落は「陸の孤島」になった。住民総出で雪かきをし、船をそりに地場産品のちりめんを運んだ。丹後海陸交通のバス運転手だった民谷勝さん（89）＝京丹後市弥栄町野中＝は「ざらめ糖のような雪で、あっという間に数十センチ積もった。井戸が凍り、飲み水や牛に与える水をこしらえるため大釜に雪を入れてたいた」と当時を語る。

農閑期で京都・伏見に酒造りに出ていた増田修さん（80）＝同市丹後町三宅＝と藤井光信さん（69）＝同＝は自宅の同町三山に戻ろうとしたが、「バスが止まり、峰山から一日中歩いて帰った。電線が手すりくらいの高さにあった」（増田さん）。三山は山間部で雪は4～5メートル積もった。

≪府北部の雪害≫
府北部から新潟県までの日本海側と岐阜県の山間部を襲った「三八豪雪」の死者行方不明者は231人。府内の被害総額は約50億円。1976年末から77年初めにかけても大雪となり、宮津市上世屋で2.6メートルの積雪、雪崩で死者も出た。81年と84年の1～3月も豪雪で同市上世屋や福知山市雲原で2メートル以上積もった。

上杉輝雄さん(89)＝同＝は「屋根からの『雪下ろし』でなく、家が埋まって『家掘り』をした」と話す。

府内で死者4人、重軽傷15人、家屋全壊39戸。産業も大打撃を受けた。山間部では離村の引き金にもなり、集団移転もあった。

弥栄町野間地区では多くの集落が廃村。民谷さんは「薪炭の需要が減り、牛値が下がり、養蚕も衰微した。仕事がなくなったところに豪雪が追い打ちをかけた」。丹後町三山からは12戸が三宅に移った。増田さんは「子どもの学校や店への距離も遠かった。同じ古里の仲間と移転したので心強かった」と振り返る。

近年、丹後の積雪量は減り、「三八豪雪」後のような離村はないかもしれない。だが、少子高齢化と人口減少で、伝統芸能や祭りなど地域文化の伝承、古里の維持は難しくなっている。簡単な解決策はないが、歴史をつなぐため、知恵を出し合いたい。（大西保彦）

上／雪崩を防ぐため除雪を行う網野町の住民や消防団員（1963年、京丹後市教育委員会提供）
下／「三八豪雪」を引き金に集団移転した三山地区の跡地。静かな山間部に、移転時に建てられた石碑が残る（京丹後市丹後町三山）

１９６５年 天橋立を守る会結成（宮津市）

美観活動へ住民奮起

２０１６年4月10日、千人を超えるボランティアが天橋立（宮津市）に集まった。春に行われている清掃活動「クリーンはしだて1人1坪大作戦」。南北約３・６キロにわたる松並木と砂浜を各自1坪ずつ掃除する。１９７６年から始まり、参加者はのべ４万人を超えた。

主催する実行委員会の中核は「天橋立を守る会」。１９６５年に地元主体で天橋立を整備しようと、観光業者らを中心に結成した。宮津青年会議所のメンバーとして美観活動に取り組んでいた小田彰彦会長（72）は、「高度経済成長で生活が豊かになり、環境に目を向け始めた時代だった」と振り返る。

やがて使い捨てが広がり、各地の景勝地でごみ箱からあふれる空き缶やびんが問題になる。天橋立では海岸の漂着ごみも目立ち始めた。

そして76年、年明けからの豪雪で、マツの約1割が倒木などの被害を受けた。天橋立のマツは、雪舟筆の国宝「天橋立図」にも描かれた地元が誇るシンボル。事態を重く見た住民たちが「大作戦」

≪天橋立の管理≫
1871（明治4）年に智恩寺（宮津市文珠）の寺領から、府が管理する官林に。国有林野整理のため99年、不要林として売却が検討されるが、1905年に与謝郡の訴えを受けて群管轄の公園になる。23年の郡制廃止で府へ移管、55年に国定公園に指定された。

を始めた。

環境意識の高まりで「近年は観光客のマナーがよくなり、ごみも減ったと感じる」と事務局の西村静保さん（51）。とはいえ、自然との関わりは一筋縄ではいかない。2004年の台風23号で約200本のマツが倒れた。落ちた松葉による土壌の富栄養化で、マツの根の張り方が弱くなったのが一因とされた。

砂浜に繁殖力の強いマツヨイグサやヒゲナガスズメノチャヒキなどの雑草が増えてきたため、人の手で丁寧に雑草を抜く「白砂青松復活大作戦」も始まった。

小田会長は「橋立は地域の生活環境のバロメーター」と語り、常に気に懸ける。観光客も、天橋立を上から「股のぞき」するだけでなく、歩いて住民が大切に守ってきたマツ一本一本に思いをはせてほしい。（関野有里香）

毎年千人規模の人が参加する「クリーンはしだて1人1坪大作戦」（天橋立を守る会提供）

１９９４年　西武舞鶴農場休業　（舞鶴市）

ツバキの名所は今も

一重は凜《りん》として、八重は豪華絢爛《けんらん》に咲く。国内随一、和洋１５００種3万本のツバキの花を見ようと、京阪神はもとより遠方からも人が集まった。

１９７３年、舞鶴市北東部の大浦半島に西武流通グループが総合リゾート「西武舞鶴農場」をオープンさせた。約50万平方メートルの広大な山中にフィールドアスレチックやポニー牧場、テニスコート、宿泊施設も備え、ヘリコプターでの舞鶴湾遊覧飛行やグラススキーなどを満喫する人々の姿があった。

レストラン支配人だった中村豊さん（65）＝舞鶴市杉山＝は「5月の大型連休から夏にかけては家族連れや若者のグループの利用で大忙し。時代に勢いがあった」と懐かしむ。

西武は「日本一、世界一のツバキ園」も目指した。ヤブツバキが自生する「適地適木」の大浦半島で、場長の足立尚義さん（82）＝同市田中町＝が事業を率いた。青森から沖縄を巡り、原種のある中国に繰り返し訪れ、トウツバキなど多様な品種を収集。「検疫で大変苦労した。産地で根の土を取り除かないといけない。枯らしてなるものかとの一心だった」。幻の黄色いツバキ「キンカチャ」も初めて日本に持ち帰った。

90年には農場で国際ツバキ大会を開催。欧米など13カ国の専門家らが一堂にツバキを観賞した。「国内外に舞鶴の名が知られて感無量だった」。

しかし、バブル崩壊の影響が農場経営を直撃、西武百貨店などの営業不振もあり、94年に休業した。足立さんと中村さんは「農場を荒れ果てさせない」と再開に向けて維持管理を続け、市が跡地を買収して2001年に「舞鶴自然文化園」として再オープン。アジサイとツバキの名所として今も来園者を楽しませている。

海からの風が吹き抜け、鳥のさえずりが聞こえる園内では、「秋の山野草展」も開かれる。リゾート施設こそなくなったが、子どもたちが豊かな緑の中で、自然の素晴らしさを感じることができる場所であり続けてほしい。

（上口祐也）

上／西武舞鶴農場時代に開催された国際ツバキ大会でツバキを観賞する人たち（1990年、舞鶴市多祢寺、足立さん提供）
下／跡地を引き継いだ舞鶴自然文化園で咲き競うアジサイ（2015年6月、舞鶴市提供）

「手を取り合って」

ふるさとNEXTコラム 02

セミの声と川のせせらぎが、ひときわ大きく感じた。2016年夏。第４章「戦後71年」の取材で京丹後市丹後町の山間部にあり、1963年の「三八豪雪」で集団移転した三山地区を目指した。

人影はない。幅の狭い川沿いの道を歩き、跡地を示す石碑を見つけた。

三山では農業や養蚕、牛の飼育をなりわいとした。男性は冬場、丹後杜氏として京都・伏見の酒蔵に出稼ぎに出た。そんな時期に豪雪に見舞われた。残された女性や子どもはサツマイモなどを食べてしのいだ。元来、積雪が多かったが、豪雪が移転を決意させた。

故郷を失う。その心境は計り知れない。丹後町の三宅地区に移った三山の人々は「帰れない場所」としながらも故郷への思いを持ち続ける。移転時の区長は行政の広報紙に「郷土を捨てるのではない」とつづっている。

記者が担当する京丹後市は少子高齢化と人口減少が進む。2004年4月の6町合併時から17年8月までに人口は約1万人減った。同市弥栄町ではわずか1戸しかない地区もある。厳しい状況だ。

それでも希望の光はある。例えば第6章「人口減少社会に挑む」で取り上げた「ささえ合い交通」。地域住民が手を取り合い、高齢者の移動手段の確保に取り組む。「暮らしている地域をどうするか。住民一人一人が考えれば地域が変わる」。運行するＮＰＯ関係者は語る。

地域の変遷や住民の思い、将来への取り組み。伝えていく地元紙記者としての責務を感じた連載だった。　(大西保彦)

第5章

地域資源を生かす

森の恵みジビエ

（福知山市）

食害防ぎ　貴重な食材に

フランス料理の調理法で仕上げられたシカ肉に彩り豊かな京野菜が一皿を飾る。ジビエ（野生鳥獣肉）料理を提供する京都市伏見区の町家レストラン「むすびの」で、２０１7年7月下旬に開かれた食事会。貴重なシカの心臓やタンも出された。

「ワインと良くあっておいしい」。福知山市夜久野町で仕留めたシカ肉のフルコースを参加者約20人が堪能した。料理長高野佳孝さん（56）は福知山で捕れたシカ肉を「臭みがなく、あっさりしていて日本人にぴったり」と絶賛する。

食事会ではシカ肉を捕った同町直見の猟師中島健太郎さん（42）が狩猟法や、シカによる農作物や森林被害の現状を熱く語った。

中島さんは、官民ファンドの支援で農業の6次産業化を目指し昨秋にオープンしたむすびのの出資者に京野菜の生産者らと名を連ねる。投資を決めたのは「都会の人にジビエのおいしさを知ってほしい」からだ。

「ジビエハンター」を自称し、夜久野町でジビエの食肉処理施設も営む。おいしい肉にするために処理にこだわり、心臓が動いているうちに血抜きをする。1時間以内に処理施設に搬入し、内臓を摘出することで衛生面にも配慮。全国的にジビエを扱う料理店は増え、月30～40頭のシカやイノシシを捕獲し、東京や大阪の飲食店に出荷している。

もともとは農家。シカに農作物を食べられ、01年から猟を始めた。中島さんは「行政から報償金も入るので狩猟と農業を組み合わせれば田舎でも生活できる。こんなにいい地域資源を生かさない手はない」と指摘する。

ジビエの取り組みは府中丹広域振興局も後押しする。中島さんのような処理法にこだわったジビエを認証してブランド化する制度を7月に創設。福知山、綾部、舞鶴の各市の飲食店でジビエ料理を出すフェアを開催し、レシピも開発した。

心臓やタンを使ったシカ料理を前に肉のおいしさを語る中島さん ＝中央＝（京都市伏見区京町1丁目・むすびの）

ただジビエ活用は進んでおらず、各市の制度も整っていない。福知山では16年度、約4千頭のシカが捕獲されたが、ほとんどが焼却や埋設処分された。ジビエ活用には1頭当たり1万5400円の報償金がつくが、新設した焼却施設の利用促進のため焼却の場合は3千円上乗せされる。綾部と舞鶴は猟期を除く有害駆除期間（4～11月）で捕ったシカの利活用を許可しておらず、ジビエの食肉処理施設もない。

中島さんは訴える。「山や農地の被害は深刻でシカを捕らないと地域は守れない。処理施設が増えれば京都のジビエを売り出せる。活用できるよう制度の見直しが必要だ」（秋田久氏）

［パイオニア］

料理人に認定制度（長野）

全国に先駆けて2007年にジビエの衛生管理のガイドラインを作った長野県。「信州ジビエ」として県全体でPRに力を入れて昨年度はシカ約3300頭をジビエに活用した。シカ肉の正しい調理法を学んだ料理人を認定する「ジビエマイスター」制度を創設。県がシカ肉への知識や実技を審査する。

全国の自治体が会員で、同県にある一般社団法人「日本ジビエ振興協会」は、シカの処理ができる冷蔵トラック「ジビエカー」＝写真、同協会提供＝を自動車会社と開発。山からシカを施設に運ぶ狩猟者の負担軽減が狙いで、16年度から実証実験を行っている。

さらに動画でジビエにするためのわなのかけ方や解体の方法を配信するインターネット講座も行っており、普及に努める。藤木徳彦理事長（45）は「全国で統一のジビエの規格を作り、ファミリーレストランに流通させる動きもある。ジビエを食べに長野を訪れる観光キャンペーンも始まり、地方の新たな仕事として非常に可能性がある」と力説する。

豊かな自然とスポーツ（宮津市／伊根町）

体験型観光　新たな誘客へ

波のない穏やかな海面をシーカヤックがゆっくりと進む。夏の青い空と海に真っ白な砂浜が映える宮津市の天橋立。「肘が直角になるようにパドルを持ってください」「前かがみになると進みやすいですよ」。インストラクターが声を掛ける。

カップルで体験した奈良県桜井市、会社員田中未来さん（23）は「海のない県で育ったのでとても新鮮。こんなに水がきれいだとは思わなかった」と満足そうにほほ笑んだ。

シーカヤック体験は天橋立観光協会が2017年4月に設立した「天橋立アクティビティセンター」が実施する。天橋立は抜群の知名度を誇るが、近年は交通インフラの発達などで観光客の滞在時間が短くなっている。展望台の股のぞきや松並木の散策が定番の観光スタイルだったが、体験メニューを加えて新たな客層を取り込む狙いだ。

資格を持った職員がセンターに常駐し、当日の飛び込み予約にも対応する。評判は上々で8月だけで約200人の予約が埋まった。インストラクターの小林優さん（22）は「天橋立を海側から間近に眺め、雄大さを感じてもらえている」と手応えを語る。

山や川、海といった地域資源をスポーツやアウトドアと結び付け、観光誘客につなげようとする動きが、全国各地で盛んになっている。府北部でもさまざまな取り組みが展開されている。

府中丹広域振興局は自然豊かな由良川流域を自転車で楽しんでもらおうと、11年に京都「ゆラリー」サイクリングロード（約100キロ）を整備。コースや高低表に加え、空気入れや修理工具を無料で借りられる場所を掲載したパンフレットも作り、自転車愛好家の誘客を図る。同局商工労働観光室は「コースを一周することに達成感がある人も多い。利用者のニーズを把握し、内容を充実させたい」

インストラクター＝左端＝と一緒に、天橋立の松並木をバックにシーカヤックを楽しむカップル（宮津市・宮津湾）

とする。

一方、舟屋が立ち並ぶ伊根町の伊根湾でかつてシーカヤック体験を実施していた町観光協会。参加者向けにルールを定めていたが、知らない人たちがカヤックを好きな場所で海に下ろし、生活の場である舟屋に接近したり、漁の邪魔になったりするケースが相次ぎ、湾内での実施を中止せざるを得なくなった。

公共の空間で行うため、地域や住民とのトラブル防止策が重要となるが、府北部は日本海に面し、由良川や大江山など豊かな自然環境に恵まれている。府観光政策課の南本尚司課長は「観光の在り方が変わりつつある。府北部は景観が変化に富み、自然と一体となって楽しむスポーツ観光に適している」と可能性の大きさを語る。（三皷慎太郎）

［識者の意見］

大会誘致で競技の聖地に

高橋一夫近畿大経営学部教授（観光マーケティング）

自然を楽しむスポーツ観光が盛り上がる背景には、健康志向の高まりや子どもの教育的側面への期待などがある。滞在時間が長くなるので観光消費額が増え、地域活性化にもつながる。身体的体験はリピーターにつながりやすいとされている。

ただ、自然の空間は参加者だけが占有できる場所ではない。自然環境への配慮や安全管理など気遣いやマナーが求められる。神奈川県鎌倉市では、山道を走るトレイルランナーが登山や散策を楽しむハイカーとトラブルになり問題になった。マナーを呼び掛ける条例制定に向け、関係者を交えた検討が進められている。

今後スポーツ観光をより発展させていくためには、（自治体や企業などでつくる観光振興組織）DMOの中に、スポーツ部門の専門組織をつくることが必要だ。地域の特色を出しながら大会や合宿を誘致し、競技の聖地にしていくべきだろう。

海の幸をブランドに　（舞鶴市）

手間掛けた味、品質に誇り

「舞鶴かに」「丹後の海　育成岩がき」「丹後ぐじ」。京都産の魚介類のブランド化が進む中、舞鶴市の道の駅「舞鶴港とれとれセンター」で鮮魚店を営む藤元達雄さん（69）が近年の成功例で挙げるのが「丹後とり貝」だ。「これを目当てに舞鶴に来る人が年々増え、リピーターも多い」

府が開発した独自技術で養殖され、一般的なトリガイより一回り以上大きく、独特の甘みが特徴。丹後の初夏の味覚に定着しており、首都圏や京阪神の料亭やすし店では高級品として扱われる。

「今は派手に注目を集めているが、最初は全く売れずに大変だった」。丹後とり貝のブランド化に取り組んだ舞鶴とり貝組合代表の川﨑芳彦さん（64）は振り返る。試行錯誤の末に大きく育てられたが、見慣れないサイズで養殖物のため当初は市内の市場では相手にされなかった。

川﨑さんら漁業者は自分たちで販路を開拓した。丹後とり貝を手に、テレビ番組「料理の鉄人」で知られた料理人道場六三郎さんに会い、「これはおいしい」と味を認めてもらった。その紹介で東京の飲食店関係者を回ったほか、大阪や愛知など各地の市場や催しにも直接、足を運んで宣伝した。次第に評判が広まり、２００９年に特許庁の地域団体商標に登録されるまでになった。

丹後とり貝に続けとばかり、現在もブランド化に向けたさまざまな試みがある。府漁業協同組合などは15年から、府内で漁獲量が多いサワラを「京鰆《さわら》」と名付けて売り込む。漁獲後すぐに氷水に漬け、市場への運搬には専用の保冷箱を使うなどして鮮度の良さをアピールする。また舞鶴、宮津市などは府内で水揚げされたナマコを「京都なまこ」としてブランド化しようと昨年、協議会を立ち上げた。

舞鶴湾で養殖されている「丹後とり貝」。丹後の初夏の味覚として全国で知られる（舞鶴市）

これらの背景には、１９９０年代のバブル崩壊から続く府内水産物の価格低迷があり、消費者の魚離れも追い打ちを掛ける。府漁協指導課は「魚介類の単価を上げるために、他産地との違いが強調できるブランド化は有効な手段だ。漁業者の収入を安定させることで、新規就労者の獲得にもつながる」とする。

しかし同様の動きは、全国で急速に広がっている。府内で取れるのはサワラやアジなど各地で漁獲される回遊魚が多く、特色を出すのは難しい。そんな状況でも丹後とり貝の経験を基に川﨑さんは力を込める。「ブランドは名前だけではなく品質の良さがあってこそ。手間を掛けているからこそ誇りが持てる」（高山浩輔）

[パイオニア]

「本物」証明のタグで管理（大分）

魚介類のブランド化の先駆けは「関さば」＝写真上、「関あじ」＝同下、大分県漁業協同組合佐賀関支店提供＝が知られる。1996年に水産物で初めて商標登録され、高級品として全国各地で取引されている。

関さば、関あじは大分県漁業協同組合佐賀関支店（大分市）の組合員が九州と四国の間の豊後水道で一本釣りしたアジやサバ。程よい脂と引き締まった身が特長だ。

人気の裏には水揚げから出荷まで徹底した品質管理がある。生きた状態で漁港に持ち込まれ、暴れて傷つかないよう計量器は使わず大きさや重さは見て判断する。鮮度を保つため血抜きをして冷やす「活（い）け締め」が1匹ずつ手作業で行われる。

しかし、ブランドが定着するにつれ、他地域で水揚げされたサバやアジが「関」をかたって出回るようになったという。現在は「本物」を証明するタグを添付する。

同支店総務課の高瀬大輔主任は「手を抜くとブランドはすぐに廃れる。常に良い品質で提供できるよう管理のやり方を向上させている」と話す。

まちの歴史刻む建物　（福知山市）

城下町の雰囲気　店舗に活用

城下町の趣を感じさせる町家に入ると、吹き抜けのバーカウンターが目を引く。美しい中庭を見ながら座敷で料理が味わえる福知山市下柳の料理店「柳町」は、明治時代の町家を改装して2015年にオープンした。由良川堤防際に立つため、水害の際に荷物を上げる滑車「タカ」が残り、まちの歴史を刻む。

運営する料理店「鳥名子」2代目の足立悠磨さん（33）は「最近は無機質な住宅が多いが、町家にはこの土地の素材が使われ、柱の削り方にも職人の意識を感じる。不思議と落ち着き、料理を味わうのに最適な空間がつくれる」と語る。

鳥名子のように市街地の歴史的な建物を活用する動きはすでに市内で始まっている。丹波栗のパウンドケーキで有名な洋菓子店「足立音衛門」は同市内記の府指定文化財「旧松村家住宅」に10年から本店を構える。同住宅は由良川の堤防建築を担った建設会社が堤防の確かさを示すために大正時代に建て、老舗の店構えをほうふつとさせる。14年には信用金庫だった昭和初期の建物を生かして和菓子店（同市中ノ）を開業した。

「福知千軒」。福知山は江戸時代、由良川の水運で栄え、町家の様子はこう評された。度重なる大火や水害で明治後期以降の建物がほとんどだが、町家は城の北側を中心に南北の通りに並ぶ。約20年前の市の調査で約千軒の町家が確認された。さらに「商都」として繁栄し、金融機関などが建てた洋風建築も点在する。

当時、調査を担当した京都文教大専任講師の小林大祐さん（57）は「町家や昭和レトロの建物がたくさんあり、全国的に見ても規模が大きく価値が高い。災害にあっても立派な建物を建てており、まちの豊かさを示している」と評価する。

町家を改装した料理店「柳町」。吹き抜けのバーカウンターがある（福知山市下柳）

ただ行政の町並み保存はあまりうまくいっていない。市は調査を参考に、まちを博物館に見立てた「福知山オープンミュージアム計画」や伝統的建造物群保存地区の指定を検討したが、実現には至らなかった。当時、関係した職員は「福知山は商人のまちで近代化が早く、経済性が優先された。旧城下町のエリアは広く、建て替えなどで制約がかかるため住民合意が難しかった」と振り返る。

「商店街が急速に寂れ、古い建物はどんどんなくなり、空き家が増えている」。鳥名子の足立さんは市街地の現状に危機感を募らせ、周辺の町家や木造の邸宅も取得しホテルなどへの活用について検討を重ねる。「せっかく城下町なのに。さまざまな人たちが建物をもっと活用してくれないだろうか」(秋田久氏)

[パイオニア]

古民家ホテルで滞在時間増（兵庫・篠山）

兵庫県篠山市には城跡周辺に武家屋敷や商家が立ち並ぶ。2015年にオープンした「篠山城下町ホテルNIPPONIA（ニッポニア）」＝写真＝は古民家を改装した五つの宿泊棟（計12室）が市街地に点在。観光や空き家対策につながっている。

一般社団法人「ノオト」（同市）が土間や梁り）を生かし、母屋や離れ、蔵も客室にリニューアル。規制緩和がされる国の関西圏国家戦略特区事業に認定され、旅館業法で必要な各棟のフロントを、1カ所に集約できた。

ほかにも古民家を改装して住民と農家民宿を運営し、料理店にも貸し出す。企画担当の星野新治さん（39）は「篠山は日帰り観光が多く、滞在時間が課題だった。ホテルはまちを濃密に感じてもらえる。地域の異なる文化の詰まった建物の活用で違った滞在スタイルが生まれる」と語る。

篠山を参考に内閣官房は「歴史的資源を活用した観光まちづくり連携推進室」を17年につくり、相談支援体制を整備。20年までに全国200カ所で取り組みを目指す。

伝統工芸の挑戦（綾部市）

新市場へ異業種とコラボ

800年の歴史を持つ伝統工芸・黒谷和紙の発祥の地、綾部市黒谷町。和紙文化の継承を目指す職人たちが、次世代を見据えた挑戦を始めた。「この布、実は黒谷和紙なんです。軽くて、意外と柔らかいでしょう」。白い反物を広げ、和紙職人の山城睦子さん（50）がほほ笑む。

布の名は「黒谷綜布《そうふ》」。職人らでつくる黒谷和紙協同組合が、和紙の新たな看板商品を作ろうと3年前、与謝野町の織物製造業「創作工房糸あそび」などと開発を始め、商標も取得した。現在は京丹後市峰山町の府織物・機械金属振興センターで試し織りの段階だ。軽く和紙の凹凸がある素朴な生地に同工房も「手すき和紙を糸にして機械織りをした生地は珍しい。職人技や歴史がうたえ、衣料業界の注目も高い」と期待する。

「受け身で良い時代は終わった。自分たちで和紙の魅力を発信しないといけない」。同組合理事長の林伸次さん（48）は黒谷綜布の開発背景を語る。和紙の従来の用途は、工芸材や文具が中心で、生活スタイルが変わった現在、需要拡大は難しい。林さんは「職人の手仕事で作られ、品質も優れる。そんな魅力が生きる商品を作り、新市場を開拓したい」と意気込む。

さまざまな業界も黒谷和紙に注目する。東京都のウェブ制作会社が昨年販売を始めたノートパソコンを机に固定するスタンド「フォルダブル」。黒谷和紙を折り紙の技法で組み立てた。通販サイトでは和紙の生産工程や歴史を写真付きで紹介し、伝統や技術力を強調する。同社は黒谷和紙を選んだ理由を「品質や『京都』の世界的な知名度に加え、若い職人が多く開発に協力的だったのが決め手だった」と明かす。

若い職人が多いのには理由がある。黒谷和紙は長年、町内で技術を継承してきたが、職人の高齢化などで一時、存続の

「黒谷綜布」の試作品を手にする山城さん。軽く和紙の素朴な風合いが特徴だ
（綾部市黒谷町・黒谷和紙協同組合の工房）
※「黒谷和紙（黒谷綜布）」は黒谷和紙協同組合の登録商標です

危機に立った。職人らは1996年に組合を設立し、2年間の職人研修制度を創設。全国に職人の募集をかけ、後継者の育成に力を注いできた。現在は職人7人のうち、6人が町外出身。7月には、新たに研修生2人が加わった。その1人、岩手県出身の茂庭弓子さん（39）は小学校教員を辞め、町内の寮に住みながら紙すきに励む。「紙すきに集中でき、技術も学べる環境は他にはない。できるなら職人として一生、黒谷で暮らしたい」

組合が次に取り組むのは、職人が職人として、黒谷町で長く働き続けられる環境づくり。林さんは「商品開発は一歩を踏み出した。課題は多いが、現代に沿った提案や販売の仕組みが整えば、職人という仕事の幅も広がる」と思いを巡らせる。（井上真央）

[パイオニア]

海外向けに商品開発（京都市）

京都の織物や茶筒、竹細工、金網細工、焼き物、木工芸の後継者によるグループ「GO ON（ゴオン）」（京都市上京区）は市場開拓で成果を上げている。2012年に結成して伝統工芸の背景や現代に沿った用途を発信、担い手不足や国内市場の縮小などの課題に取り組む。

海外市場に焦点を当て海外デザイナーとも協力し、木おけの技術を使ったスツールや金網のワインストッパー、洋装向けの西陣織など現代に合う商品を開発。家具や雑貨の国際展=写真=に出品を続け、認知度アップに努めてきた。国内でもパナソニックと家電を開発し、伝統の枠にとらわれない活動を広げる。工芸の文化的背景を知ってもらおうと、茶道や座禅の体験会や工房ツアーも実施。西陣織後継者の細尾真孝さん（39）は「地域史や生産工程など付加価値を理解してもらうことが工芸の活性化には重要。異業種と関わることで気付かなかった魅力も発見でき、刺激になっている」と話す。

アーティスト刺激する風土（京丹後市）

滞在型創作　活性化の力に

京丹後市網野町のレストランバーで２０１７年7月8日夜にあった催し「なみおと」。海をイメージした青暗い空間にギターの音色が響き、ダンサーが舞う。京丹後や舞鶴、大阪のアーティスト４組が繰り広げるパフォーマンスに観客は引き込まれたように見つめた。

9月に市内で開かれた「アートキャンプ丹後　音のある芸術祭」のプレイベントとして、ギタリスト山崎昭典さん（39）＝網野町＝らが企画した。アートキャンプでは、国内と香港のアーティスト12人が８月28日から市内に滞在し、音や光、ダンス、ビジュアルアートなど多様な手法で表現した作品を披露し、住民と交流した。

サウンドアーティスト鈴木昭男さん（76）＝同＝は「丹後の良さを掘り起こして伝え、子どもに誇りを持ってもらえるようにしたい」と語る。

近年、アートを活用したまちづくりが全国で見られる。特に、芸術創造活動を行う人たちを招いて滞在してもらい、アートの視点から地域の魅力や可能性を引き出した作品を制作する事業「アーティスト・イン・レジデンス」が活発だ。

府北部では府が16年度、舞鶴市で短期の事業を実施。府内外のアーティストが舞鶴の風土や歴史を調べ、アートプロジェクトの構想を練った。17年度も福知山市で同様の事業が始まった。地域活性化や交流人口の拡大とともに、住民の芸術文化活動の環境づくりも目指している。

「丹後は空が広く、夜に闇がある。海の向こうには何もない。そういうことがアーティストにとって大切。住民の感性も豊かだ」。ダンサー宮北裕美さん＝同＝は丹後の潜在力を口にする。豊かな自然や歴史はインスピレーションを生み出す土壌となる。

さらに日本海側では兵庫県豊岡市や鳥取市でもアートにまつわる取り組みが盛んで、関係者からは「環日本海で連携すれば地域の可能性は一層広がる」との期待の声も上がる。

ただ「京丹後市には芸術文化に関するビジョンがない」との厳しい指摘が一部にある。アーテ

暗い青色の空間で海をイメージしたパフォーマンスをする山崎さん＝右＝ら（京丹後市網野町浅茂川）

ィストの活動への支援や市政に生かそうとの動きは鈍い。網野町でヒカリ美術館を運営する美術家、池田修造さん（64）は「市内に美術品の展示や保管を専門的に扱う公的施設もない。行政も文化やアートに対する意識を高くしてほしい」と訴える。

30年前に東京から丹後地域に移住し、サウンドアートの先駆的存在として知られる鈴木さんは穏やかに説く。「都会に出た若い人たちが、地方を守らないとさまざまなものが失われてしまうと気付き、戻ってくるようになってきた。これからが大事な時期だ」（大西保彦）

［パイオニア］

市直営施設で芸術家支援（兵庫・豊岡）

京丹後市西隣の兵庫県豊岡市城崎町。温泉街のにぎわいから少し離れた場所に「城崎国際アートセンター」＝写真＝が立つ。滞在型の芸術創作活動「アーティスト・イン・レジデンス」の拠点で、演劇やダンスなど舞台芸術の国内外アーティストが作品制作や市民との交流などを行っている。

市直営のセンターは2014年度に開館。ホールやスタジオ、最大22人が同時滞在できる宿泊施設などがある。公募アーティストは最短で3日、最長なら3カ月、センターに滞在。宿泊費やホール・スタジオ使用料は無料で、24時間自由に活動できる。市は取り組みを市民に還元し、アーティストのワークショップや稽古公開などを企画。17年度からコミュニケーション能力向上のため小中学校全38校で演劇の授業を導入した。取り組みは地方創生（人口減少対策）の一環でもあり、田口幹也館長（48）は「子育て世代や若い世代に豊岡市では最先端の芸術に触れられることを発信し、アーティストには挑戦できるまちということをPRしていきたい」と話す。

木材チップで大規模発電　（舞鶴市／綾部市）

舞鶴港をエコ・エネの拠点に

「輸送の低炭素化などで時代を先取りしたい」。2017年8月4日に舞鶴市内であった舞鶴港で進める「エコ・エネルギーポート」計画に関する府の検討会議で、座長は意気込みを語った。計画では港に再生可能エネルギーなどの生産施設を集積し、そのエコな電力を使って港湾や物流を機能させる。

その中で重要な位置を占めるのは、合板メーカーの林ベニヤ産業（大阪市）が舞鶴で20年に稼働させる木質バイオマス発電所だ。木材チップなどを燃料にし、出力は6800キロワット。一般家庭約1万5千世帯の年間消費電力を賄える関西最大級をうたう。

検討会議の委員を務める福知山公立大の篠原正人教授（67）＝国際物流＝は「府北部には森林資源が多くあり、木質バイオマス発電を展開しやすい。舞鶴港がエネルギーの拠点になれば、物や人の流れが増え、北近畿の経済の中心になりうる」との見方を示す。

発電には燃料として年間約7万トンの木材が必要とされ、9割は同社が合板を製造する際に出る端材を利用。残り1割は府内産の間伐材などを使う予定で、同社は府森林組合連合会（京都市中京区）から年間5200トンの供給を受けることで協定を結んだ。同社の石脇幹也企画部長は「木材の伐採が増える動きが出れば、森林整備にもつながる」と話す。

ただ林業関係者には燃料用木材の調達について不安もある。

主に綾部、福知山、舞鶴市で切り出された丸太が集まる京都木材加工センター（綾部市鍛治屋町）。太さごとに仕分けされた丸太は、6割以上が林ベニヤ産業の舞鶴工場（舞鶴市平）に出荷されて合板の材料になる。

バイオマス発電の燃料になるのは、このような丸太ではなく、間伐材のほか丸太の先端や枝、皮で、低価格でしか売れない部分だ。

敷地内に積まれた丸太の先端などの部分。これらが木質バイオマス発電の燃料になる
（綾部市鍛治屋町・京都木材加工センター）

センター長の牧野功さん（52）は「高く売れる建材用などの丸太を切る中でこれらの木材は出てくる。燃料向けの伐採なんてしない」と説明する。

府森林組合連合会は、協定を結んだ発電向けの燃料用木材の供給について府北部を中心に賄い、中丹地域の木材の年間生産量を現在の1万立方メートルから3年で2万立方メートルと倍増させて対応する考えだ。

ただ林業は安価な輸入木材の影響で厳しい状況が続く。牧野さんは「府外の自治体で、同様の発電所と協定を結んだ燃料用木材を確保できず、山一つ分を全て燃料にしたという話がある。上質な木まで燃料用に回してしまうと本末転倒だ。供給体制をしっかり整えていかないといけない」と表情を引き締める。（加藤華江）

［パイオニア］

山の手入れ、意欲向上も（岡山・真庭）

面積の8割が森林で木の町として栄えた岡山県真庭市では、間伐材などを主な燃料とする国内最大級の木質バイオマス発電所が稼働する。市は「バイオマスタウン」を掲げ、燃料確保やPRで先進的に取り組む。

同発電所は、市や木材関係企業、森林組合など10団体が出資する株式会社が2015年に開設。新電力4社に電力を販売し、今年からは市役所や市の施設にも供給を始めた。

市内の木材関係者でつくる木質資源安定供給協議会が稼働開始時から、燃料に関して情報を一括で管理。また売り上げを地元に還元するため、燃料の買い取り価格とは別に1トン当たり500円を山林保有者に支払う仕組みを設け、山の手入れの意欲向上につなげている。他にも発電所などを巡る「バイオマスツアー」＝写真、真庭観光連盟提供＝が人気で、中国や韓国などアジアからの旅行者も参加する。真庭観光連盟の森脇由恵さん（39）は「ツアーで市全体の魅力を発信していきたい」と話す。

広がれ循環型農業　（与謝野町）

豊かな自然守る付加価値

与謝野町後野の田んぼで、真夏の日差しを浴びながら町産こしひかり「京の豆っこ米」が順調に育つ。「肥料配分などで手間はかかるが、自然に優しくおいしい米だ」。町内の農家約50人でつくるＪＡ京都与謝野町京の豆っこ米生産部会長の小谷安博さん（60）＝同町後野＝は誇らしげに語る。

京の豆っこ米は、おからや魚のあら、米ぬかなどを発酵させた独自の有機質肥料を使った町認定のブランド米。いわゆる「自然循環型農業」で栽培され、香り高く独特の甘みが特徴だ。２０１８年に栽培開始から15年となる。

年間平均して約５４０トンの収穫があり、京阪神や関東を中心に出荷されている。これまで高島市や鹿児島県伊佐市、島根県安来市などから職員が視察に訪れた。町内では菓子や日本酒の原料にも使われる。「豆っこ米の米粉を使ったカステラやロールケーキなどを販売する和洋菓子店「大槻菓舗」（同町弓木）の店主、大槻喜宏さん（44）は「お菓子をきっかけに安全安心なお米を知ってほしい」と話す。

使用する有機質肥料は、町内外の食品工場や農家などから原材料を調達し、町営工場（同町加悦）で製造する。ただ成分が一定の食品廃棄物が複数必要な上、水分含有量などの状態によって生産量は大きく変動する。24時間稼働する工場の人件費や燃料費、光熱費などに昨年は約2400万円の経費がかかった。

近隣の自治体からは「独自の肥料を製造するには、それなりの量の原材料が集まる環境が整っていなければ難しい」「肥料製造のコストに見合うだけの需要や実績が必要だ」などの声が聞かれ、有機質肥料の製造がこの農業を始める上でのネックになっている。与謝野町は、設備を

おからや魚のあらなどで作った有機質肥料を使って栽培する「京の豆っこ米」。
与謝野町と農家が協力して取り組む（与謝野町後野）

増強して年間の平均生産量約280トンを倍増させ、肥料価格を下げることも検討している。

　現在、農業分野では安全安心に力が入れられ、ブランド化も進められている。府農産課は「消費者に手にとってもらうには、農産物が生産される過程での工夫や努力といった『物語』が必要。そういった点で、京の豆っこ米のような食品廃棄物を利用した自然循環型農業は消費者の信頼に結び付き、安全安心の特色をアピールしやすい」と指摘する。

　山や海といった豊かな自然に恵まれた府北部地域。小谷さんは「自然を守る農法で生産していることが付加価値につながる。自分たちの目に見える形で作られた有機質肥料で育てる手法がもっと広がってほしい」と願う。（只松亮太郎）

［識者の意見］

堆肥製造コスト助成必要

中村貴子府立大生命環境科学研究科講師（農業経営学）

　自然循環型農業では、家畜のふん尿や食品廃棄物などの有機物を発酵させ、田畑の土壌に還元して土づくりをしている。土中の生物の活動が活発化し豊かな生態系が築かれ、作物が元気に育つ。

　兵庫県では、生協コープこうべの主導で、店舗から出た野菜くずなどを堆肥センター（同県三木市）で肥料に加工。農家との協同農園で活用し、育てた農産物を店舗で販売する「エコファーム」という取り組みをしている。府内では自然循環型農業は畜産との連携が多く、亀岡市や京丹波町では堆肥を使った野菜作りを行っている。

　自然循環型農業は堆肥製造施設の整備や運営などにコストがかかるため、費用を補うための法整備や助成制度の創設、行政支援などが整えられるとさらに広がっていくのではないか。また国内の家畜数は減っており、料理の食べ残しなどの活用も検討する必要がある。

「赤れんがととり貝」　ふるさとNEXTコラム 03

舞鶴市内の取材を担当している。「人が少なく、さみしいところだな」。そんな赴任当初の思いは消え、今や地域特有の風土や文化にすっかり魅せられている。

第5章「地域資源を生かす」で取り上げた丹後とり貝はその一つ。舞鶴湾で養殖される大ぶりのトリガイで、かむほどに口に広がるうま味はやみつきになる。

本文で、販売を始めた頃はなかなか売れず、漁師たち自ら宣伝活動を行い、知名度を上げたエピソードを紹介した。似たような話を思い出した。同じく、舞鶴を代表する地域資源といえる赤れんが倉庫だ。

情緒ある雰囲気の明治、大正時代の倉庫群で、今は舞鶴赤れんがパークとして整備されている。しかし、一昔前は放置されてツタが覆い、取り壊された倉庫もあった。価値を見いだした市民有志がイベントの開催などを通して地道に保存を訴え、まちのシンボルへと変えた経緯がある。

とり貝養殖や赤れんが保存の関係者は、ともに「最初は見向きもされなかった」と言う。名物や名所の人気は、人々の努力が積み重なって今があるのだと知った。決して舞鶴に限った話ではないだろう。

自然豊かで歴史ある京都府北部。まだ知られていない地域資源はたくさんあるはず。輝かせるには時間やお金がかかるかもしれない。

しかし、何より大切なものは「人の力」だと、先行事例は教えてくれる。

（高山浩輔）

第6章

人口減少社会に挑む

交通手段の確保　（福知山市／京丹後市）

有償運送で支え合い模索

4世帯9人が暮らす由良川源流の福知山市三和町加用に、市バス菟原線の中型バスが到着した。終点で乗客はなし。平日往復9便の同線を含む町内の市バス4路線で乗客ゼロは珍しくなく、「空気を運ぶ」とやゆする声もある。だが、近くの西山武久さん（72）は「車を運転できなくなった時を思うと、なくなったら困る」とつぶやく。

山間部の高齢者らにとって、買い物や通院などで公共交通は重要だ。ただ、住民は減り、市バス全15路線の2016年度の赤字は6千万円、同町だけで2200万円。市は路線再編を進め、同町をモデルに減便する。一方、影響を受ける地域では、公共交通空白地で認められる自家用車有償運送に活路を見いだす方針だ。

「バス停が遠く、車を運転できない高齢者を支え合う時代になった」。17年10月にも有償運送を始める「三和地域協議会」の後藤定司・生活基盤部会長（70）は準備を進める。バスやタクシーへの影響を考え、運行は原則、町内に限る。登録者から協議会が電話予約を受け付け、近場のドライバーが定額料金で協議会の車や自家用車で利用者を運ぶ。

　ただ、有償運送が増えれば、他の市バス利用が減り、さらなる減便や有償運送のドライバーの負担増を招く懸念もある。ニーズの高い病院や大型店がある中心市街地まで運行すると、町内の商店の活性化につながらない。利用者確保と地域活性化の両立に向け、手探りで走り出す。


　人口減少が著しい京丹後市丹後町。地元のＮＰＯ法人「気張る！ふるさと丹後町」が16年春から、タブレットなどを活用した自家用車有償運送「ささえ合い交通」に取り組む。平均63歳の住民ドライバー18人が自家用車をタクシーのように走らせる。

　同町では08年にタクシー会社が撤退。路線バスは幹

上／タブレットなどを駆使し、自家用車で住民の足の確保に努めるささえ合い交通ドライバーの松本さん（京丹後市丹後町）
下／減便の可能性がある福知山市バス。地域では、住民団体による有償運送の取り組みが始まる（福知山市三和町加用）

線道路の運行で便数も少ない。同法人は市の委託で14年から住民ボランティアが運転するデマンド（予約制）方式の市営バス運行を実施。ただ、利用は隔日で、前日夕方までの予約も必要だった。そこで移動手段の拡充のため即時予約で配車する同交通を導入した。

通院や買い物、市役所での手続きなど利用はさまざま。サービス改善を重ね、スマホなどがなくても「代理サポーター」住民に電話すれば配車できる仕組みにし、クレジットカードだけでなく現金決済も取り入れた。ドライバーの松本孝志さん（66）は「現金支払いで高齢者の利用が増えた」とし、地元の診療所通いに利用する小倉美知子さん（88）と田中八重子さん（91）は「雨や雪の日に玄関先まで送迎してくれる。電話でもすぐ来てくれ助かる」と語る。

新たな課題もある。乗車地が丹後町限定のため弥栄病院（弥栄町）など町外への通院時は帰宅の際に使えない。ドライバーの坂田基司さん（66）は「足の不自由な方は病院周辺のバス停へ歩くのも困難。通院は特例で往復利用できるようになれば」。

また、市内の路線バスやデマンドバスの運賃は上限200円だが、同交通の初乗り料金は480円。民間タクシーより抑えているものの、公共交通として住民には割高感が根強い。利用者増加のため同法人の東和彦専務理事（64）は「高額感を緩和し、代理サポーターをもっと増やしていかなければならない」と話す。過疎高齢社会で、一層重要になる「足」の確保へ模索が続く。

（大西保彦、秋田久氏）

地域の社寺　（福知山市）

運営費確保、管理に限界

「伊勢神宮の社殿と同じで本殿はかやぶき屋根。でも傷みが激しく雨漏りが…」。福知山市大江町天田内の豊受大神社で、17代目の河田光稔宮司（41）が見上げた。

伊勢神宮が三重県に鎮座する前にこの地にあったとされ、元伊勢外宮と呼ばれる。年間約3千人が参拝して親しまれるが運営費確保は難しい。1874（明治7年）築の神明造の本殿は本来、60年に一度の式年遷宮で建て替えなければならないが一度も行われず、10年でふき替えが必要な屋根さえ20年前のままだ。

多くの拝観料などが見込める有名寺院と違う、府北部の社寺をどう守っていくか。河田宮司によると、ふき替えには660万円かかるが、この2年で参拝者らからの寄付は200万円。インターネットで小口資金を募るクラウドファンディングも一案だが多忙でホームページもない。

「神様のお膝元に住み、逃げ道はない」。4年前に父章宏さんから継ぎ、同町内の神社の約6割に当たる25社の宮司を兼務。秋の例祭集中日には1日8社を飛び回るが、祭りの玉串料などでは生活は厳しく、神社の務めがある日曜以外は市内の生コン工場で働き、この4年間休みなし。氏子がなく、合併する多喜記神社（同町南山）では最近、本殿上屋の倒壊を発見。「こっちも直さないと」

近年、世界遺産下鴨神社（京都市左京区）などで境内を利用したマンション計画が物議を醸した。理解は示すが、地方では境内での駐車場経営さえ成り立たない。河田宮司は2017年春、26社計800戸の連携を図る「氏子総代会」を立ち上げた。どう維持していくか、地域の大先輩たちと知恵を探るつもりだ。

人口流出は寺社の貴重な収蔵物の維持も困難にする。福知山市西部の宮垣地区にある旧威徳寺の観音堂。10〜12世紀の作とされる千手観音や阿弥陀如来、完成前の仏像など約110体が

右／盗まれた7体の仏像の写真の前で、文化財を守り続ける苦労を語る垣尾さん
（福知山市宮垣・旧威徳寺の観音堂）
左／かやぶき屋根のふき替えが必要な本殿について、参拝者に説明する河田宮司＝右＝
（福知山市大江町天田内・豊受大神社）

所狭しと並ぶ。盗まれた仏像7体の写真も飾られ、「マニアの仕業か。今後どう守るか、本当に難しい」。宮垣自治会役員の垣尾孝一さん（70）が顔を曇らせた。

丹波の山奥になぜ、これだけの仏像があるのか。当時の信仰や製作技法に興味を持つ歴史ファンや研究者らが時折、足を運ぶ。16世紀、明智光秀が福知山城の石垣用の石塔提供を命じたが威徳寺などが抵抗。36カ寺が取りつぶされ、残された仏像が運び込まれたとも伝わる。市は1965年、観音堂仏像群として文化財に指定。その後盗まれ、今は府や市の補助を得て防犯センサーを備える。

「心のよりどころ」「この地で厳重に管理するのが本来の姿」。檀家《だんか》はなく、宮垣地区の住民が長年管理し、拝観要望にも対応してきた。昭和30年代半ばに100世帯あった自治会は現在13世帯で28人のうち20人が70歳以上。早晩、管理態勢に限界が来ると誰もが不安に思っている。

垣尾さんは自治会長だった3月末、センサーを行政機関に直結▽公民館に収蔵▽市が管理―といった維持方法の私案を市に相談。だが、警備対応や保管場所の確保の問題があり、市文化財保護係の松本学博さん（47）は「事情を知るだけにできるだけのことはしたいが」と複雑だ。

「国宝級ではないが、多くの仏像がここにある意味と何百年と受け継いだ先人の思いがある。守れなければ申し訳ない」と垣尾さん。地域の枠を越え、将来の在り方を考える議論が始まることを願う。（今川敢士）

伝統行事の担い手（宮津市）

継承願い　桟俵作りを指導

お盆の恒例行事「宮津燈籠《とうろう》流し花火大会」に携わる住民らは、険しい表情を崩さなかった。悩みの種は、燈籠に欠かせない桟俵《さんだわら》づくりの継承。「今季で桟俵作りを辞める人がいる」「今のままでは何年後にはできなくなる」。２０１７年４月28日夜、宮津市北部の日ケ谷地区の公民館では、製作を担う日ケ谷営農組合のメンバーや市職員が遅くまで膝をつき合わせた。

燈籠流しは江戸時代に始まり、毎夏、住民や帰省者ら約７万人が集まる。迎えた先祖の霊を浄土の世界へ送り返すため、約１万個の灯籠を海に流す。その土台部分にあたる桟俵は、昔から地区の人々が作ってきた。しかし、高齢化や作業の手間などから作り手は年々減少。関係者は地域の伝統を、次世代にどう継承していくか模索を続けている。

もともとは、市中心部の上宮津地区で作られていたが高齢化などで、昭和の終盤にはなぜか、遠く離れた伊根町近くの山間部の日ケ谷地区で全て作られるようになった。住民有志の「日ケ谷桟俵組合」が担うも、再び高齢化の壁。そこで07年から農家らでつくる日ケ谷営農組合のメンバーが受け継いだ。
「ずっと同じ体勢なので腰が痛くなってしんどい」。今季約１３００個を作った荻野雅章さん（68）は、円形の専用型にわら束を載せ、かがみ込むようにして一本一本を編み込む作業に苦笑する。当初15人いたメンバーは年々減り、今は50代～80代の10人が10月ごろから3月末までに、何とか1万個を確保。同組合の石田弘司代表（72）は「できる人だけでも頑張り続け、足りない分は他の地域にお願いすることも考えていかなければいけない」と打ち明ける。

加えて、材料に適したわらの確保や加工の手間も課題となっている。

桟俵のわらは、70センチほどの長さが必要だが、稲刈りと脱穀《だっこく》を同時に行うコンバイ

上／児童に、わらの編み込み方を教える荻野さん（宮津市岩ケ鼻・養老小）
下／今夏の宮津燈籠流し花火大会で使われる桟俵。担い手が減る中、高齢者らが何とか1万個を用意した（同市日ケ谷）

ンでは、刈り取る際に小刻みに刻まれてしまう。そこで、日ケ谷の農家たちは、刈り取ったままの長さを保ち、稲を束にできる機械をわざわざ使う。

さらに、稲の束を拾い集め、わら干し専用の稲木で3〜4日かけて十分に乾燥させて脱穀し、材料として余分な部分の除去なども必要。石田さんは「今後、わら作りを辞める人も出てくるだろう。作り手がいても、材料がなかったら…」とこぼす。

それでも、地域の伝統を絶やしてはいけないと、地元住民や近くの小学校の児童らに桟俵作りを教える活動も行ってきた。

3月2日。荻野さんと妻の慶子さん（66）が近隣の養老小を訪れ、3、4年生に桟俵作りを指導した。わらを編み込む慣れない作業に、真剣な表情で取り組む児童たちに、荻野さん夫婦は「こうやって編むんだよ」「きれいにできてるね」と優しく手ほどき。思い思いに完成させた桟俵を手にした。松本蘭樹《らんじゅ》さん（10）は「初めは大変だったけど、コツをつかんで作っていくうちに楽しくなった。また作ってみたい」とうれしそうに笑った。

「子どもたちが体験をしたことをきっかけに、いつかやってみようという気持ちになればうれしいけど…。そもそも将来、日ケ谷に戻ってくるからも分からん」。少し寂しそうに話す石田さんと荻野さん。でも、今夏の灯籠流しに子どもたちが元気に集まる姿を思い描くと、また、力が湧いてくる。（只松亮太郎）

増える空き家

移住者とのつなぎ役　奔走

（福知山市／舞鶴市）

空き家だった古民家が屋根から無残に崩れている。山間部の福知山市夜久野町畑の稲垣地域。約10年前に倒れ、住民が市外に住む所有者に連絡したが放置状態だ。23世帯が暮らす地域は高齢化率50％以上で、7軒が空き家。近くの永井一男さん（73）は「自宅はぐるりと空き家に囲まれて寂しい。高齢化でますます増える」とこぼす。

若者が都市部に出て戻らず、府北部でも空き家が増えている。伊根町を除く6市町では舞鶴市の7100戸、福知山市の6770戸など計2万3890戸に上る。各市町は、希望者に物件を仲介する登録制度を運用したり、移住者に改修費を補助したりし、対策を練る。2015年の空き家対策特別措置法施行を受け、倒壊などの危険のある空き家の調査も進めている。

何とか空き家を活用できないか。稲垣など7地域の畑地区の住民団体「畑七つの里づくり協議会」は同年末、約120件を対象にアンケートを行った。地区では20年前と比べて20世帯約170人が減ったが、所有者が売却や賃貸の意思を示す空き家が11件あった。調査を担当した市地域おこし協力隊の山田正利さん（44）＝同市夜久野町畑＝は「墓参りや農地管理の休憩に使うだけの空き家もあり、実際はもっと多い」。協議会のメンバーは17年度、空き家管理を担うＮＰＯを立ち上げる。湯口修事務局長（72）は「ＮＰＯに空き家を譲ってもらって移住者に貸すことも検討したい。移住のつなぎ役になれたら」と思い描く。

空き家の活用例は各地でさまざまだ。

「雲の上のゲストハウス」。舞鶴市西方寺の住民らが12年、標高約２５０メートルに位置する空き家を改修して宿泊施設を造った。いろりに土間のある古民家で、農作業や住民との交流会など、田舎暮らしを体験してもら

上／放置されて倒壊した空き家。地域の高齢化で今後もこうしたケースが増えるのではないかと、住民が懸念する（福知山市夜久野町畑）
下／空き家を改装し、田舎暮らしが体験できる「雲の上のゲストハウス」（舞鶴市西方寺）

う。府の補助もあり、改修費４５０万円の3分の1は地区内外の住民が負担した。管理する布施直樹さん（43）は「生の田舎に触れることができ、体験をきっかけに移住した人もいる」と語る。

空き家は、近年増える地方移住者にとって、比較的安価に住める新居にもなる。地元の泉清毅さん（76）は移住者と地域をつなぐ府の「京の田舎ぐらしナビゲーター」として、所有者に空き家の活用を手紙や電話で呼び掛けている。１９９９年以降、20件ほどの掘り起こしに成功し、大阪や京都府南部などから14世帯約30人が移り住んで農業や養鶏を営み、家が受け継がれた。17年3月、同市岡田中地区の上漆原の空き家に大阪市から家族４人で移り住んだ看護師劉雪蓮《りゅうせつれん》さん（39）は「家庭菜園に憧れ、移住先を探していた。広くて部屋数も多く、一目で気に入った」。泉さんは「朽ちるのを待っていた空き家に人が入った。移住者は農業や地域のイベントで頑張っており、地域ににぎわいが戻ってきた」と笑う。

ただ、現在、約１２０人の市の農村部の空き家の利用希望者に対し、登録されている空き家は約20戸。一方で、長年交渉を続けても、「移住者が入ると近所に迷惑が掛かる」という誤解を基に結局提供されず、傷みが進む家もある。需要と供給のマッチングは難しく、泉さんは「次々と掘り起こさないと足りなくなる。持ち主と移住希望者、双方の声を聞いて柔軟に対応することが大切」と実感する。空き家と地域のつなぎ役の奔走が続く。（秋田久氏、高山浩輔）

特産品の復活

（舞鶴市／福知山市）

若い世代の参加が鍵

福井県境近くの舞鶴市松尾の段々畑。4月、1メートルにも育つ特産の「松尾ゴボウ」の体験栽培に市内外の参加者約30人が集まった。「去年は不作。今年はたくさん採れるといいな」。秋の収穫や友人へのお裾分けを楽しみに手を動かした。

松尾ゴボウは、柔らかい食感と良い香りが特徴で、直売所に並べればすぐに売り切れる。地元農家の谷義雄さん（75）によると、明治時代は地域に農家が50軒、畑は5万平方メートルあった。昭和40年代の年末には2トントラックに山積みにして何度も出荷したという。しかし、連作ができず、農家も高齢化し、現在は地元の高齢農家3人が約700平方メートルで生産し、約2・5トン収穫するだけ。地元伝統の野菜栽培は存続が危ぶまれた。

「このまま放っておけない」。数年前から集落再生の一環で松尾ゴボウの栽培活動をしていた谷口晴夫さん（59）＝同市安岡＝らが2014年、地域の畑を貸して栽培に携わってもらう「オーナー会」を立ち上げ、体験栽培を開始。荒れた休耕地を復活させて活動4年目で畑は5カ所に増え、年間約500キロが収穫できるようになった。

作業は想像以上に重労働。延べ約120人が参加したが、毎年顔を見せるオーナーもいれば、1メートルの深さを掘る収穫作業に音を上げたり、獣害で思うような収穫量が得られず辞めていく人もいる。さらに、これまでは、オーナーたちを「お客さん扱い」し、重労働の土起こしなど下準備を事務局がしていたが、17年は一から作業を指示。谷さんは「私もいつまで畑に出られるか分からない。一人前になってもらうためには、手間取っても一度やっておかないと」と本腰での作業を促す。

特産品作りは休耕田を活用でき、一石二鳥の面もある。高齢化率が約5割で、休耕田が約2割に上る福知山市夜久野町では、名物のそば復活に向け、住民が汗を流す。

そばは約50年前に住民が販

上／収穫を楽しみにしながら、松尾ゴボウの種まきをするオーナー会のメンバーたち（舞鶴市松尾）
下／休耕田で獣害対策をしながら、名物のそば復活を目指すやくの農業振興団のメンバーたち（福知山市夜久野町平野）

売を始め、国道9号沿いのドライブインで京阪神の観光客らに振る舞われた。ただ、栽培利益は少なく下火に。町の活性化も兼ね、高齢者から畑の管理を頼まれた地元の農業生産法人「やくの農業振興団」の中島俊則代表（73）が08年、復活活動を始めた。農家から比較的高値で買い取り、製粉・加工。「夜久野ブランド」のそばを、独自で販路開拓した北近畿の直売所やサービスエリア、飲食店に卸す。高原地帯で昼夜の寒暖差が大きく、風味が良いと好評だ。

栽培は夜久野町から市内の他地域にも広がり、計約50ヘクタールで年間約8トンを収穫。低迷する米価や農家の高齢化で、さらにそば栽培の依頼が寄せられている。中島代表は「獣害が深刻で面積が狭い農地が多く、今後、耕作放棄地はもっと増える。対応できる若い担い手を確保しないと」。

特産品や名物は住民の誇りになる。松尾ゴボウも仲間の輪は広がるが、安定して市場に供給できるかは道半ば。中島代表と同様に、松尾ゴボウに携わる谷口さんらも、若手栽培者を心待ちにしている。昨年から会に参加したオーナーで唯一の農家塩尻雄さん（43）は約50キロほど収穫し、「よく売れた」と手応えを感じる。ただ、万願寺甘とうなど夏は10種類ほどを手掛け、「栽培期間が長く、収穫も重労働。栽培品目に加えるかはまだ決められない」。若い世代の背中を押し、支えることが特産品復活の鍵を握る。（加藤華江、秋田久氏、北川裕猛）

医師不足の在宅医療（宮津市／福知山市）

地域全体で支える仕組みを

「ご飯はしっかり食べてる？」「顔色いいよ」「祭り、好きなの？」

4月17日午後。宮津市内の民家。脳梗塞を2回経験し、肺気腫に伴う呼吸障害でベッドに横たわる男性患者（80）に西原寛医師（65）が寄り添った。看護師が体温や血圧を測定する中、家族から日常の様子を聞く。酸素吸入器を付け、声を振りしぼる男性に優しいまなざしを向けた。

西原さんは在宅療養支援診療所「西原医院」（同市京街道）の院長。東京の病院勤務を経て、1998年に地元に戻って父の後を継ぎ開業、訪問診察をメインに据える。

訪問診察を行う丹後地域の医師が月に診る延べ患者数は通常20～30人だが、西原さんは100人超。多くが末期がんや高血圧などの高齢者だ。原点は研修医時代。がんの入院患者の帰宅希望に、指導医師が「帰れる状態ではない」と応じた。「病院は病を治しに行く所で、死にに行く所ではない。なぜ自宅に帰してあげないのか」。西原さんの気持ちは今も変わらない。

診察時間外も連絡が入れば患者宅へ。日付が変わるまで家族と話し、朝まで患者に付き添うことも。平日2日間を休診にし、土日は診察。「週末に遠方から見舞う家族との話を患者にも聞いてほしい」からだ。

高齢化で医療費が増え、国は重度の介護状態になっても住み慣れた地域で療養できるよう在宅医療施策を推進する。一方、医師は都市圏に集中し、地方では不足する。

「在宅医療と声高に言われるが、何ができるのかを大きな病院の医師ほど理解していない」。例えば、在宅なら患者の鎮静剤や鎮痛剤などの使用量は半分。加えて「家族に見守られる自宅の方が患者の苦痛も軽くなる」と信じる。府北部でも訪問診療や訪問看護が充実しつつあるが、「在宅医療に対する医師らへの啓発がより大切になる」と強調する。

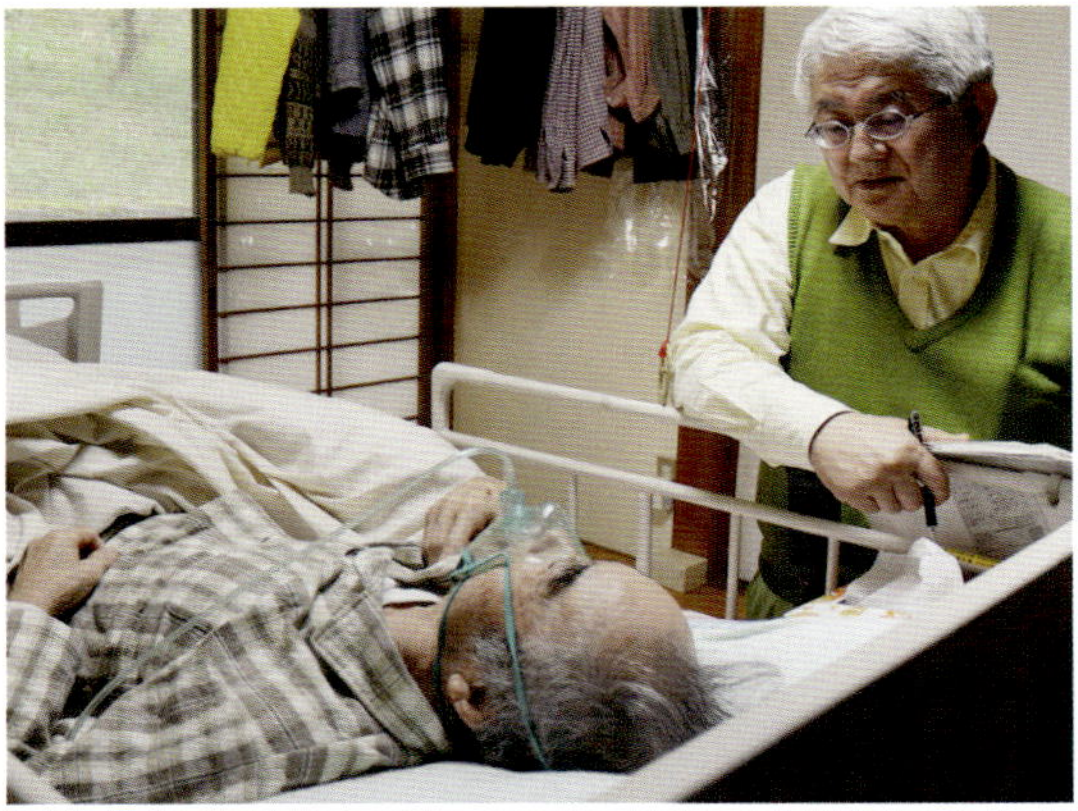

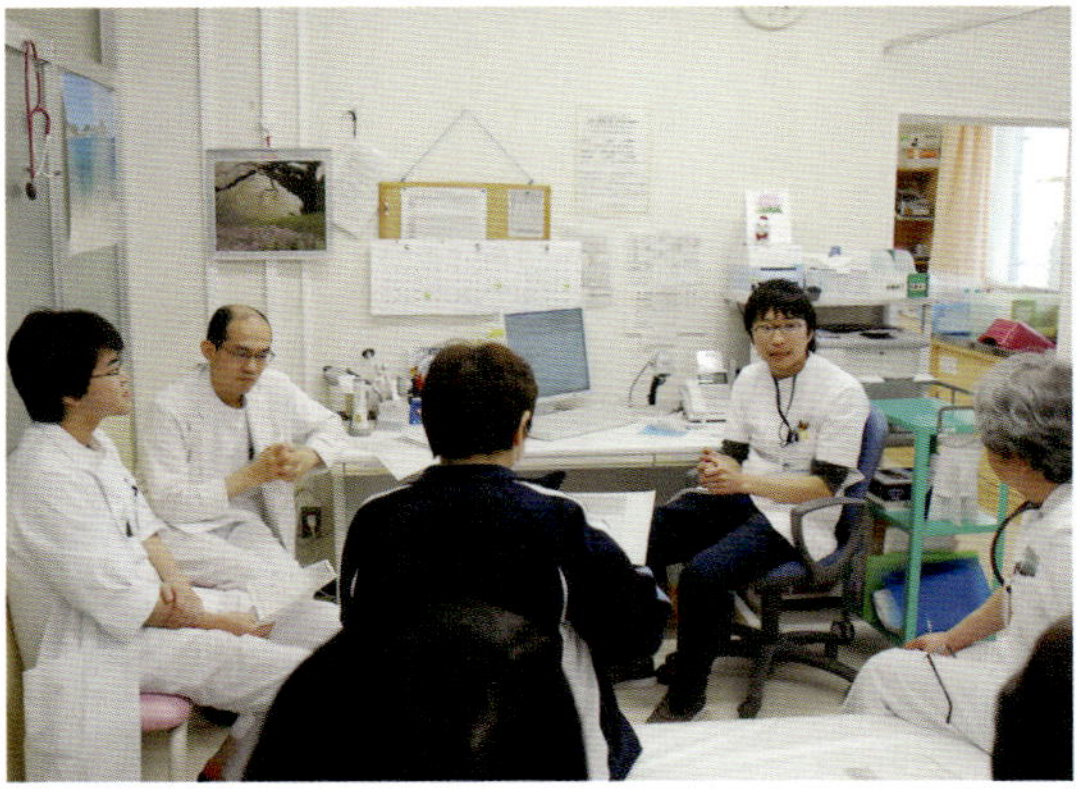

上／高齢者宅を訪問し、優しく声をかけながら診察を行う西原医師（宮津市内）
下／患者の病状などについて、情報を共有する医師ら（福知山市大江町河守・福知山市民病院大江分院）

少ない医師数でも患者ニーズに合わせた診療態勢に向け、各院は躍起だ。人口10万人当たりの医師数（２０１４年）は府全体で約３０７人。宮津や京丹後などの地域は半数、舞鶴や福知山などは3分の2程度だ。

「スキルを磨けるなら、医師にとって都会と地方は関係ない」。広島県出身の片岡祐医師（31）は、福知山市民病院大江分院（同市大江町河守）の「総合内科医」。分院の常勤医５人のうち４人が同職で、限られた医師ができるだけ多くの患者に対応できるよう指導医の下、実践する。

重要なのは情報共有。病状の経過観察に注意が必要な外来・訪問診療の患者たちに目と気を配る。「アルコールで全身に倦怠感《けんたい》」「喫煙で肺疾患の疑い」。家族構成やペットの有無も頭に入れる。複数の病気を抱え、家族の支えが必要な高齢者に合う治療法の選択にも役立つという。

ただ、高齢化率が４割を超える大江町では今後も患者が増えるとみられ、マンパワー不足は引き続き、懸念される。「5年、10年後、同じ医師の態勢で対応できるのか、分からない」。指導医の和田幹生医師（48）は心配も口にする。

病院として、高齢者の健康維持に積極的な関わりは不可欠。すでに、患者数の抑制につなげるため、認知症や運動機能障害を予防する実験や体操教室も始めた。香川惠造院長は「診療所と保健所、介護施設が連携し、地域全体で高齢者を支える仕組みづくりが急務だ」と危機感を強める。

（大西保彦、秋田久氏）

祭りの火を守る

（与謝野町／伊根町）

伝統、時代に即した形に

豪華な山屋台で、女子中高生6人が男子と一緒に笛を吹き、にぎやかなお囃子《はやし》を響き渡らせた。「丹後の祇園祭」とも呼ばれる与謝野町三河内区の府無形民俗文化財「三河内曳山祭」。2017年5月4日の本祭で、同区6町の一つ、表町の山屋台「春日山」で笛を吹いた江陽中1年の伴海遥花さん（12）は「曲が多くて難しく緊張したけど、なんとか吹けた。来年も乗りたい」と充実した表情で話した。

織物振興や五穀豊穣《ほうじょう》を祈願する倭文《しどり》神社の祭礼で、江戸時代後期に始まったとされる。長年4月24、25日に営まれたが織物業の衰退で自営業者が減少。曳山《ひきやま》の屋台の組み立てに多くの人手が必要で、会社勤めの氏子が集まりにくく、1991年から大型連休の5月3、4日とした。

「三河内の祭りは地域文化の最たるもの。継承のために必要だった」。現在、上之町の相談役の岡田攻さん（75）は力を込める。「神事だから変えるべきではない」といった強い反発を数年かけて説得。今では地元を離れた学生や社会人、見物客も増え、日程変更の決断は奏功した。

それでも担い手不足は深刻で、表町が山屋台に女子を乗せたのは16年からの試みだ。5年前に19人いた小学生は8人。今後も減少傾向で、男性主体の風習を変えるしかなかった。同町の親町《おやちょう》主《しゅ》を務めた村山周平さん（59）の次女紫保さん（16）らが初めて山屋台で太鼓や笛を担当し、新たな歴史が始まった。

女子が山屋台の綱さえ触らせてもらえなかった時代もあり、様変わりしたが、関係者は今年も祭りを無事に終え、ほっとした様子だ。村山さんも「温故知新。伝統は守りつつ、時代に即したやり方に変えていかないと維持できない。葛藤しながら進めていきたい」と来年を見据えた。

府北部には府無形民俗文化財の祭礼50件など多くの祭りがあるが、存続を巡る悩みは各地域で共通する。「菅野《すがの》区」には現在、子どもがいません。最年少は高校生」。

上／祭りの在り方を模索している三河内曳山祭。昨年に続き、表町の「春日山」では、女子も笛を吹いて巡行した（与謝野町三河内）
下／菅野の神楽。粟野彩愛ちゃん＝中央＝が登場すると会場が一気に華やいだ（伊根町菅野・上山神社）

伊根町の冊子は、区の同文化財「菅野の神楽」が置かれた深刻な状況を伝える。

尾張国の井戸掘り職人が350年ほど前に伝えたとされる。神楽は獅子を生け捕りにする「和唐内」など12演目があり、上山神社の春の例祭「筒川祭」で奉納する。だが、17年4月の祭りでは、おおむね中学生までの男子が演じる「天狗《てんぐ》の舞」ができなかった。「獅子をからかって機敏に跳びはね、見る方も元気をもらえ、人気だったのに」。菅野芸能保存会の加納康範会長（56）は残念がる。

会のメンバーは24人。青壮年が祭りの中心を担ってきたが、すでに平均年齢は50歳以上で、近年は60代の男性も獅子の中に入っていた。「世代交代ができていない演目もある。自分たちの体力が落ちた時にどうなるか、展開が見えない」

祭り当日、うれしい出来事もあった。菅野区出身で大阪府吹田市の粟野文枝さん（63）の孫の彩愛ちゃん（6）が、着物姿で獅子の後部を持って歩くと、会場が華やいだ。毎年祭りを見に来ており、前日に声を掛けられ、小さい子どもが必要な「神楽の舞」「お染の舞」を急きょ手伝った。新たな人材の登場に関係者も舞の維持へ活路を見いだした。

今後、同区は、居住地に限らず祭りに興味のある人に指導して祭りで舞ってもらうことを真剣に検討している。目標は天狗の舞の復活。祭りの火を絶やさぬため、根気強く奔走し続ける。

（三皷慎太郎）

シニアの生きがい　（綾部市）

経験を社会へ　挑戦で手応え

「毎日が日曜日の生活」が待っていた。綾部市味方町の若山行正さん（76）は同市発祥の繊維メーカー「グンゼ」を定年退職した2000年、夫婦で自然豊かなニュージーランドに移住した。「観光はしたけど、ほかにやることがなく、すぐにあきてしまった」。4カ月で帰国した。

グンゼでは製糸工場の排水処理などの研究を担当した。「技術があっても、定年になれば、はい、さようならだ」と若山さん。帰国後は趣味のアマチュア無線やカヌーをして過ごしたが、「遊びだけでは物足りない。結局は仕事人間なんだな」。

15年の日本人の平均寿命は男性が80・79歳、女性87・05歳で、60歳で定年なら20年以上が「老後」になる。60歳以上の男女6千人を対象にした国の調査（14年度）で「生きがいを感じている」と答えた人は、65・5％で5年前に比べ13・1ポイント低下。高齢者の生きがいづくりが課題だ。

団塊の世代の大量退職が始まる3年前の04年、63歳だった若山さんは経験を社会に役立てたいと、後にNPO法人になる「綾部ベンチャー・ものづくりの会」を立ち上げた。メンバーを募ると、元同僚のほか、製造業や教員、主婦ら男女約60人が集まった。パーキンソン病患者のステッキや草刈り機の刃の開発―。「人間考えることをやめたらすぐに老けてしまう」。平均年齢70歳以上の「シニア軍団」が知恵を出し合った。

特に力を入れるのが、綾部で盛んだった養蚕・製糸の文化継承だ。産業が下火になり、「綾部で蚕に触れ、糸紡ぎを体験できるものがなかった」と振り返る。

蚕の飼育セットの普及を手掛け、餌となる桑に注目。地元の由良川沿いの桑畑は養蚕農家が減って活用されず、放置されていた。甘く、栄養価の高い実を観光に生かせないか。仲間と同市位田町の桑畑を整備した桑園を10年に開園。毎夏、京阪神などから約９００人が訪れ、実の摘み取りをしてもらい、蚕も希望者に配る。市内の酒蔵と共同で実の酒も造った。繭を使った人形を作る高齢者らの女性グループもできた。

「ベンチャー」と銘打つ同法人からは、綾部の特産品を

左／センブリやミシマサイコが育つ畑。あやべ薬用植物の会のメンバーたちが生育状況を確認した（綾部市多田町）
右／養蚕・製糸の継承に向け、仲間と整備した桑園で桑の新芽を見つめる若山さん（同市位田町）

開発する「あやべ薬用植物の会」が生まれた。

胃薬や育毛剤に使われる薬草・センブリの芽が4月11日、同市多田町の畑に所狭しと出ていた。メンバー最高齢で地元の四方春雄さん（86）は「種まきはうまくいった。今年は出荷したいな」と見つめた。

農家の高齢化で増える耕作放棄地を生かそうと、高価で取引される生薬に着目。神奈川県の販売会社の指導を受け、14年から漢方薬に使われるミシマサイコ、トウキ、カノコソウの栽培にも挑戦してきた。

もちろん若い時のように体力はない。栽培でも苦労は絶えず、植物が土壌に合わずに枯れるほか、無農薬のために予想以上に草取りに労力がいる。効率的に作業を進めるために、意思疎通は欠かせない。現役時代の肩書は関係なく、月1回の例会やお互いの畑の視察では、食事も交えてにぎやかに話し合う。

17年2月、ようやくミシマサイコ4・3キロの初出荷にこぎ着けた。ただ、栽培は6人と産業と言えるところまでは達していない。同市新庄町の由良茂文会長（68）は「趣味で終わらせず、企業と連携して地域活性化につなげたい。手間もかかるが晴耕雨読の生きがいづくりにはもってこい。興味を示してくれる人は多いけど、やる人がもっと増えてほしい」。古里で挑戦する仲間を待ち望む。（秋田久氏）

「裏切らない場所」　ふるさとNEXTコラム 04

こんなに素敵な若者がいるのかー。第2章「働く若者たち」の基になった新聞連載のデスクを担当した際、記者たちが書いてきた原稿に目を通すのが楽しみだった。生まれ育ったまちで、または縁あって移り住んだ土地で、仕事で充実した日々を過ごしたり、自分の夢を追いかけたりする顔ぶれがいくつも並んだ。

京都府北部を語るとき、「人口減少」とか「過疎」といったイメージに引きずられすぎの面があるかもしれない。工業団地もいくつかあるし、全国有数の観光資源もある。農業や漁業に飛び込む若者もいる。私が駆け出しの記者生活を送った約20年前と比べると、道路や鉄道のアクセスは格段に良くなり、インターネットの普及は当たり前となった。暮らすにも働くにも、都市部との落差はずいぶんと小さくなった気がする。

若者の多くは、地元の高校を卒業すると、進学や就職で都市部に出て行く。やむを得ないと、大人たちは彼らの背中を押しつつ、いつかは戻ってきてほしいとも願っている。息子や娘たちも、都会で生活する中でふとした折、故郷に目が向くときがあるのではないだろうか。「ふるさとは裏切らない」と言っていた人がいた。

高校生のころには意識もしなかった、例えば里山の風景や広い空、日本海、郷土の味がかけがえのないものに思えてくる。そんなことに気が付いた若者たちが将来、経験や資格を生かして、地域の一員として活躍してくれたらうれしい。　（日下田貴政）

終章

水源の里条例10年

綾部のばあちゃんたち

集落に誇り　元気さPR

由良川流域の上流に位置する綾部市東部の睦寄町古屋、老富町の大唐内、市茅野、栃、五泉町市志など「限界集落」の活性化策を盛り込んだ。「上流は下流を思い、下流は上流に感謝する」が理念。現在、対象は市内各地の14集落に広がっている。

限界集落。過疎高齢化が進み、高齢化率が50％を超え、維持が難しくなった集落を指す言葉だ。人口減少社会の象徴とも言えるが、綾部市は２００６年に全国初の活性化条例をつくり、さまざまな振興策をとってきた。

清流のそばで４人が暮らす綾部市の睦寄町古屋地区の公民館前。この地で生まれ育った渡邉ふじ子さん（89）が２０１６年10月、森で収穫したトチの実を天日干しにした。前年の倍の約１６００キロもあり「採れすぎて世話が大変です」。山の恵みは、渡邉さんら平均年齢89歳の女性3人によって、おかきや餅となり、販売される。同居する息子の和重さん（65）は「10年前、地区は廃村寸前とあきらめていた。でも、ばあちゃんたちは若返った」。

元気の始まりは06年。市は、古屋など過疎高齢化で「消滅危機」とまでささやかれた五つの地区を「水源の里」と名付けた。マイナスイメージが強い「限界集落」とは呼ばず、由良川源流近くの地域への愛着を込めた。活性化策を探り、年末には、地域産業の開発や都市交流を目的にし

上／収穫したトチの実を天日干しする渡邉さん親子（綾部市睦寄町古屋）
下／トチの実を使った餅をつくる住民たち。水源の里条例制定後の10年で、住民は古里への誇りを新たにしている（同市老富町）

た水源の里条例を制定。限界集落の活性化条例は「全国初」と脚光を浴びた。

当時の市長、四方八洲男さん（76）は「それまでは私も含め、行政は問題を見て見ぬふりしていた。全国の過疎対策は、まちの中心に箱物を建てて終わりで集落は疲弊するばかり。住民がまず元気になることが大事だった」と振り返る。

市は住民の声をもとに、トチの実の商品化のほか、都市部から参加してもらう農業体験などのソフト事業に力を入れた。京阪神からの来訪者たちも、元気な高齢者を応援する「古屋でがんばろう会」を立ち上げた。散策道を造り、インターネットで魅力をＰＲすると、各地の過疎地からの視察や、シカ害対策と収穫作業のボランティアなどで、年間３千人が訪れるまでになった。

水源の里の活動を後押しするかのように、16年３月には一帯が「京都丹波高原国定公園」に指定され、古屋の住民は17年５月にトチの大木を巡る自然観察ツアーを実施した。同市老富町など３集落が07年から作るトチ餅は観光施設などで人気を集め、出荷数は年間約１万５千個に。製造開始４年で、作業はボランティアから時間給制に変わった。この10年で、住民は古里を誇る気持ちを強めている。

綾部の取り組みは各地で共感を呼んだ。07年、各地の山間部の自治体による「全国水源の里連絡協議会」が発足。翌年に宮崎県日之影町、09年に米原市で「水源の里」を冠した条例が相次いでできた。協議会には16年現在、京都と滋賀の12市町を含む１７０自治体が加盟し、過疎対策の情報交換や国への要望活動を続ける。

医療施設や交通網の充実、就業の場の確保…。加盟自治体の悩みは共通し、高齢社会が深刻化に拍車をかける。老富町では6世帯が移住したが、依然として高齢化率は7割近く、集落存続への不安は拭えない。

老富町の住民代表の西田昌一さん（75）は語る。「トチ餅は集落のPRになり、仕事もでき、地域の魅力も出てきた。ただ、高齢化は進んでいて集落が消滅しないとは言い切れない。かつて産業だった林業や農業が活発になれば、もっと違ってくるのだけど…」

田園へU・Iターン

移住者定着へ試行錯誤

北海道大教授だった2007年ごろ。綾部市老富町出身の酒井正春さん（67）は、札幌市内の自宅マンションでテレビ画面に見入った。故郷の「水源の里」が取り上げられ、元気にトチ餅を作る母親や懐かしい先輩たちが映っていた。「何の話題もない田舎だと思っていたのでびっくりしたけど、ものすごくうれしかった」。遠い古里での晴耕雨読の暮らしへ思いが募った。

5年後、定年退職を機に、妻の慶子さん（62）とUターン。実家に住み、先祖伝来の田んぼ50アールでもち米などを育て、10月上旬には黄金色に実った穂を大型機械で刈り取った。近くの西田昌一さん（75）に「まだ素人や」とからかわれながらも、優しく作業を見守られ、充実した第二の人生を過ごす。

「田園回帰」。定年後の農村移住や、都市部の若い世代が地方移住を望むことを意味し、最新の動向として14年度の農業白書に取り上げられた言葉だ。同年度の国の調査では、都市住民の3割が農山漁村地域に定住願望があるとも回答。認定NPO法人「ふるさと回帰支援センター」（東京都）への来訪も40代以下が6割以上という。

定住者の確保が喫緊の課題の水源の里は、こうした人々の絶好の受け入れ先だ。綾部市の水源の里5集落には今、酒井さんのようにUターンした6世帯、Iターンの4世帯の計20人が暮らす。市営住宅の新設や携帯電話の利用圏外解消、インターネット用の光ファイバー網整備など

上／古里でもち米を収穫する元北海道大教授の酒井さん。Uターンし、充実した第二の人生を過ごす（綾部市老富町）
下／「創作するのに最適な場所」という綾部市内の工房で、ろうけつ染めの作品を紹介する松本さん（同市睦寄町古屋）

が実を結びつつある。住まずとも、ろうけつ染め作家松本健宏さん（49）のように、創作活動の拠点として京都市上京区の自宅から綾部市古屋地区の工房に通い、収穫作業を手伝いながら地域に溶け込むケースもある。

もちろん、いざ暮らすとなると、そう簡単ではない。大阪から夫婦で綾部市市志地区に移った秋原雄治さん（47）は、片道1時間かけて勤務先の福知山市の工業団地に通う。「通勤に時間をとられ、集落の会合や共同作業も忙しい。農ある暮らしを描いて移ってきたが…」とこぼす。この3年で、2世帯が収入や子育て環境への不安から集落を離れた。

「限界集落」という言葉を跳ね返すかのように、この10年、各地で「生き残り策」が練られてきた。水源の里条例をつくった米原市は、旧伊吹町の8集落に「みらいつくり隊」を派遣。市外から参加した若者ら6人が任期後も集落に残った。岡山県真庭市は、森林資源を生かした木質バイオマス発電で新たな地域産業を育成中。離島の島根県海士町は高校の「島留学」と銘打ち、交通費や寮費を補助して人口増を目指している。一朝一夕にはいかないが、地域の潜在力を引き出す試行錯誤は続く。

人口減少が進む日本の未来を写す鏡—。水源の里をこう表現し、綾部市の地域再生活動に携わる四條畷学園大の嘉田良平教授（農業政策）は、この間、少数ながらも各地の水源の里に移住者が定着したことは一定評価する。だが、「もう持たない地域も増えた」と警戒を強め、次の10年に向けて呼び掛ける。「ストレスが多い都市社会で生きる人々にとって、水源の里は安らぎの場になる。21世紀の日本は間違いなく、里の存続を必要とする。再生に向けて従来と違う手法も考え、国民全体で挑戦しなくてはならない」（秋田久氏）

京都府北部MAP

京都府北部地域拡大図

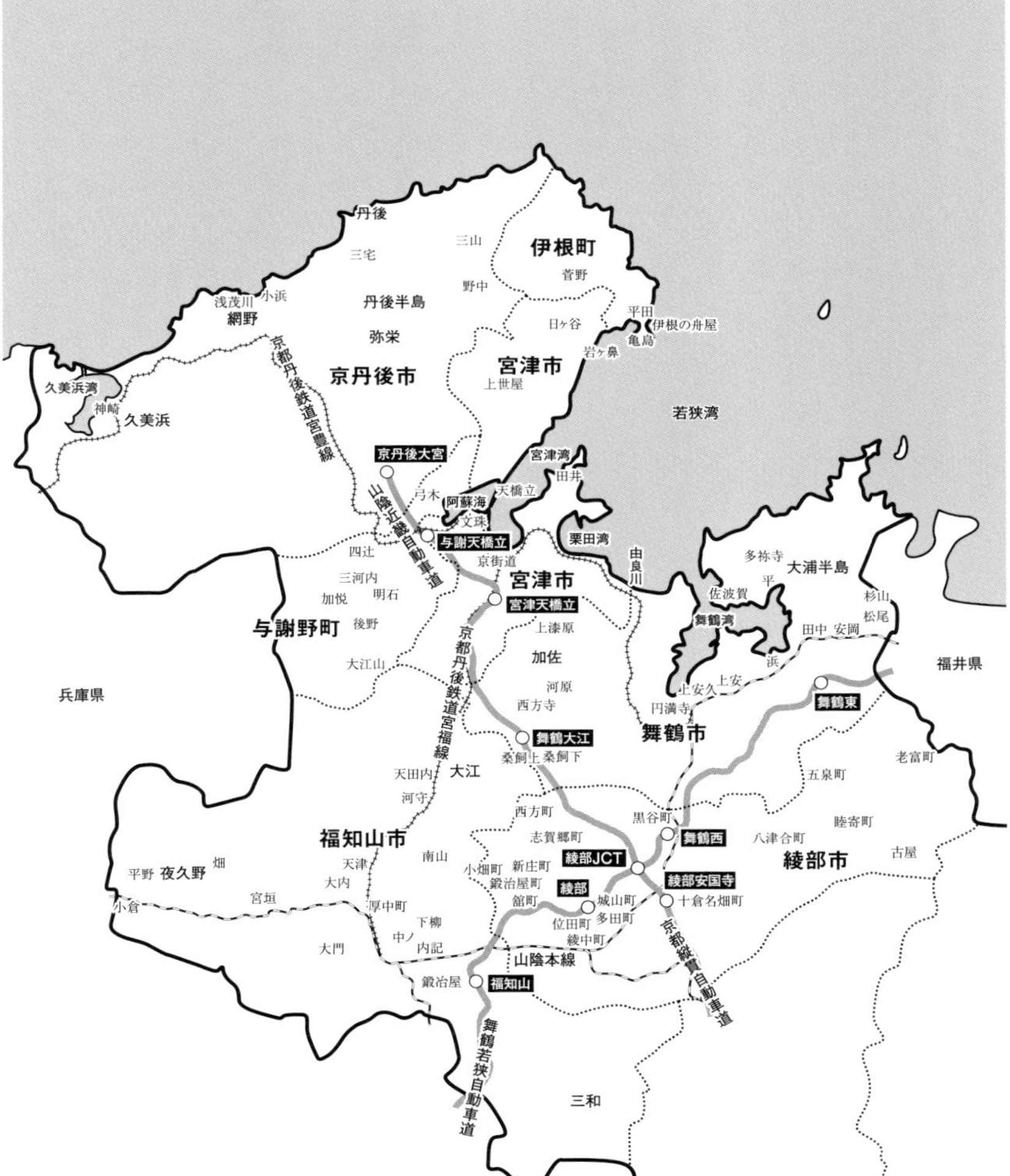
丹後
三宅
三山
伊根町
菅野
野中
浅茂川
小浜
網野
丹後半島
弥栄
日ヶ谷
平田
伊根の舟屋
亀島
岩ヶ鼻
京都丹後鉄道宮豊線
京丹後市
宮津市
上世屋
久美浜湾
神崎
久美浜
若狭湾
京丹後大宮
宮津湾
田井
山陰近畿自動車道
弓木
阿蘇海
天橋立
文珠
与謝天橋立
栗田湾
由良川
四辻
京街道
宮津市
三河内
明石
加悦
宮津天橋立
後野
与謝野町
上漆原
京都丹後鉄道宮福線
加佐
大江山
河原
西方寺
多祢寺
大浦半島
佐波賀
平
杉山
舞鶴湾
松尾
田中
安岡
浜
上安久
上安
円満寺
舞鶴東
福井県
兵庫県
舞鶴市
舞鶴大江
桑飼上
桑飼下
天田内
大江
河守
老富町
五泉町
西方町
黒谷町
志賀郷町
舞鶴西
睦寄町
八津合町
福知山市
南山
綾部JCT
古屋
綾部市
天津
小畑町
新庄町
平野
夜久野
畑
大内
鍛治屋町
綾部安国寺
宮垣
厚中町
館町
綾部
城山町
十倉名畑町
小倉
下柳
位田町
多田町
中ノ
内記
綾中町
大門
山陰本線
京都縦貫自動車道
鍛冶屋
福知山
舞鶴若狭自動車道
三和

あとがき

このまちは10年後も存続しているのか――。

京都府北部で、そんな声をよく耳にする。人口減少が進み、住民は大半が高齢者。商店やガソリンスタンドは減り、小学校の統廃合が進んだ。行政の振興策も効果が見えない。

民間シンクタンク・日本創成会議が全国の「消滅可能性都市」を示した2014年の提言が大きな衝撃だったのは、こうした地域の住民が心の奥に抱いている懸念をズバリ突いたからなのだろう。

「京都」といえば国際観光都市である京都市のイメージが強いが、府内の地域の多くは過疎高齢化などの課題に直面している。中でも、府北部の7市町（福知山市、綾部市、舞鶴市、宮津市、京丹後市、与謝野町、伊根町）はその傾向が著しい。

だが、どっこい。

移動や買い物は少々不便でも、若者は仕事やレジャーを楽しみ、高齢者は生きがいを見つけ、充実した人生を歩んでいる。都市部から移り住んでくる人も少なくない。

人口予測や経済統計といった数字では表せない多様な「生き方」がある。そんな人々の日常を深掘りすることで、地域の課題や将来展望を考えることはできないか――。それが、本書のもとになった連載企画に込めた意図だった。

豊かな歴史や自然、魅力的な人材をはじめ、さまざまな地域資源を再発見できた。「消滅」という言葉に惑わされず、地域の良さを生かしながら地道な営みを重ねていくことで、同様の悩みを抱える地域のモデルになれるのではないか。そんな可能性にも思いをはせながら、記者たちは府北部を歩き回り、人々と向き合った。

本書の第1～第6章は、2016年1月～17年8月まで京都新聞「丹後・中丹版」に計6部にわたって掲載した連載「ふるさとNEXT」を再構成したものである。終章には、制定10年を迎えた綾部市の水源の里条例についての連載（16年10月）を収録した。また、序章として、「半農半X」という新しい暮らし方を提唱している塩見直紀・福知山公立大特任准教授に、これからの地域づくりに関して示唆に富む一文をいただいた。

取材・執筆は大西保彦、秋田久氏、上口祐也、三皷慎太郎、関野有里香、北川裕猛、加藤華江、只松亮太郎、高山浩輔、井上真央の各記者があたり、ベテランの稲庭篤、多和常雄、渋谷哲也、日下田貴政、今川敦士の各支局長・デスクが記者への助言や原稿のとりまとめを担当した。文中に登場する方々の肩書きや年齢は、掲載当時のままとした。

2018年2月

京都新聞社論説副委員長（前・北部総局長）　石川一郎

執筆
大西保彦、秋田久氏、上口祐也、三皷慎太郎、関野有里香
北川裕猛、加藤華江、只松亮太郎、高山浩輔、井上真央

デスク
稲庭　篤、多和常雄、渋谷哲也、日下田貴政、今川敢士

企画
京都新聞社北部総局

カバー写真
中田　昭

装丁・デザイン
辻田和樹

ふるさとNEXT 京都府北部地域で生きる

発行日　2018年4月11日　初版発行
編　者　京都新聞社
発行者　田中克明
発行所　京都新聞出版センター
〒604-8578 京都市中京区烏丸通夷川上ル
Tel.075-241-6192 Fax.075-222-1956
http://kyoto-pd.co.jp/

印刷・製本　株式会社スイッチ.ティフ

ISBN978-4-7638-0701-4 C0036